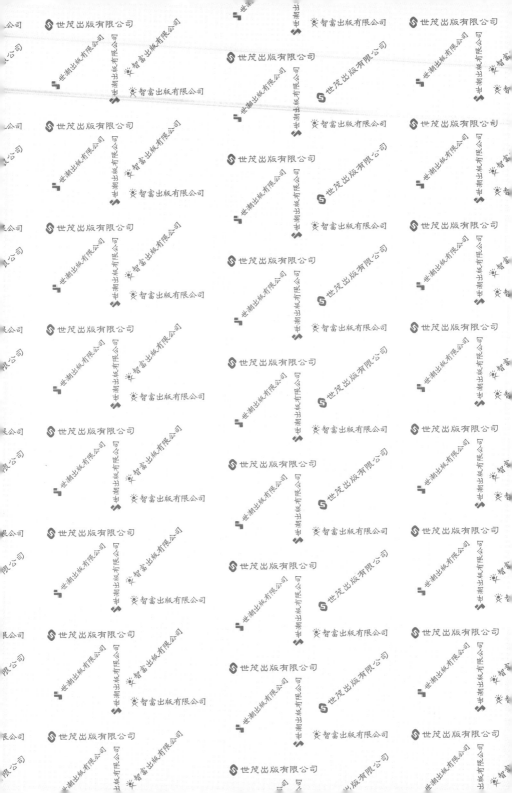

徹底了解國‧高中必學的單位、公式知識

建構世界的
單位 與 公式

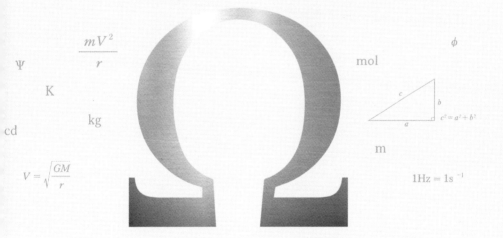

$$\dfrac{mV^2}{r}$$

Ψ

K

cd

kg

$$V = \sqrt{\dfrac{GM}{r}}$$

ϕ

mol

$c^2 = a^2 + b^2$

m

$1\mathrm{Hz} = 1\mathrm{s}^{-1}$

福江純 ——— 著　衛宮紘 ——— 譯

序言

- $E = mc^2$ 一定要透過數學公式來推導嗎？
- 地球的周長恰好 4 萬公里是偶然嗎？
- N（牛頓）和 J（焦耳）有何不同？
- Hz（赫茲）是指每秒的意思，對吧？
- 電磁學定律複雜得讓人困惑！
- 大氣中有多少個空氣分子呢？
- 我想知道黑洞的半徑，但又不太想學習相對論。

　　本書序言可能有些不一樣，直接舉了一些與內容有關的例子。其實，即使沒有深入的知識，我們也可以透過基本單位和公式來探索世界的多樣面貌。

　　世界（大自然）本身並不存在單位和公式的概念。在人類開始使用單位、公式之前，甚至在人類誕生之前，世界便自然而然地運行著。即使沒有萬有引力的公式，地球早已繞著太陽運轉；即使不曉得光速的具體數值，宇宙中也充滿著光線。

　　單位、公式是人類為了研究大自然而創造的工具和概念。換句話說，「單位」是幫助人類測量大自然的工具，而「公式」和「定律」是幫助人類理解大自然法則的數學式子。從這個意義上說，單位和公式是獨立存在的，彼此之間沒有直接關聯。然而，在時空座標上標示數值（刻度）時，或者使用公式和定律來測量物理量時，我們會將單位和公式結合在一起，以驗證大自然的運作是否符合這些公式和定律。

　　有鑑於此，本書試圖「透過單位和公式的關係來洞察世界的真理」。我們將透過各種技巧以單位推導公式、以公式確定單位，作者自身也在當中有了新的發現。希望各位讀者也能有相似的體驗……。

在探討單位和公式的過程中，許多以身邊周遭為基準的人為單位，已轉為採用更接近世界根源的自然單位。具體來說，單位基準的轉變如下：

（單位）	（以前）	→	（現在）
時間	地球自轉、公轉	→	銫原子
長度	地球周長	→	光速 c
能量、質量	公斤原器	→	普朗克常數 h
電荷、電流	安培	→	基本電荷 e
物質數量	莫耳	→	亞佛加厥常數 N_A
溫度	水的三相點	→	波茲曼常數 k_B

普朗克常數（Planck constant）、波茲曼常數（Boltzmann constant）等與單位的關係，後面將逐一說明。

首先，第 1 章將大致介紹當前國際單位制 SI、單位和公式與世界運作的方式，最後會演示如何推導黑洞的半徑。如果覺得黑洞的內容不好理解，建議可以先跳過這一部分。

第 2 章除了探討與時空、運動相關的基本單位和公式，也會討論為什麼地球的周長是 4 萬公里，並討論到了 1 間、1 坪、1 升等日常生活中的單位。

第 3 章將以質量、力、能量等基本物理量為核心，介紹它們的單位和各種公式之間的關係，並討論力的單位牛頓（N）和能量的單位焦耳（J）。

第 4 章將探討振動、波動、聲音和光的單位和公式。作者也是第一次知道到吉他的音階會低 1 個八度音階。我們只須要通過單位，便可快速推導出 $E = mc^2$

第 5 章是大家期待已久（或者敬而遠之）的電磁學單位和公

式。作者在學生時代對電磁學感到頭痛，剛好藉由這次的機會來重新學習，但因為仍舊覺得相當困難，對於這章並沒有太多自信。章末會安排輕鬆簡單的內容。

最後，第 6 章將針對物質數量、溫度、壓力、能量等，彙整與物質有關的物理量單位和公式，並討論亞佛加厥常數、波茲曼常數。作者也首次知道如何從單位推導出光的壓力，以及如何計算空氣中的分子數量和光子數量。

此外，專欄將補充正文中未詳談的內容，並在附錄中整理 SI 基本單位、SI 導出單位、SI 前置詞、希臘字母以及本書提到的常數等。讀者可根據需要，隨時翻閱參考。

由於單位、公式和定律有無數個，本書僅介紹相對基礎的內容，省略了有關原子、分子的細節，也未提及基本的動量和角速度等。雖然透過單位和公式僅能夠能窺探世界真理的一小部分，但仍舊希望讀者能夠從這一小部分感受到世界（大自然）的廣闊與奧妙。

市面上有許多介紹各種「單位」的參考書，也有不少解說顛覆世界的「公式、定律」的參考書，但結合單位和公式的書籍卻很少。我想在此感謝 JMAM 的渡邊敏郎編輯提出如此有趣的企劃，也由衷感謝拿起本書的各位讀者。

在吉田山山腳的簡陋居所　作者

第3章 利用單位推導公式
質量、力、能量

59

第4章 低音Do有幾赫茲？
振動、波動、聲音、光

91

第5章 藉由單位克服難懂的電磁學
電力、磁力、電磁力
121

第6章 物理性質的單位與定律
質量、溫度、壓力、能量

153

附　錄

185

●登場人物簡介

一石老師［一石 一純］	・京極教育大學教授（60歲） ・專攻理論宇宙物理，對物理學也有很深的造詣 ・與在業界闖蕩的畢業生保持聯繫，不時舉辦名為讀書會的飲酒聚會 ・喜愛美酒 ・不留鬍鬚且頭髮也相當稀疏 ・戴著（度數相當深的）眼鏡
星斗［早川 星斗］	・任教於國高中直升的學校 ・28歲，已任教5年 ・畢業後也與SSH（Super Science High School：超級科學高中）、一石研究室保持聯繫 ・曾經是一石研究室的優秀學生 ・本身喜愛科學，畢業後也常回研究室學習新知 ・和明里是一石研究室學長學妹的關係
明里［竹中 明里］	・綜合電器廠商的系統工程師 ・24歲，剛任職的新人 ・擔任公司的系統工程師，負責處理有關大數據的工作 ・喜愛天文、宇宙 ・一石研究室的開心果，後來有攻讀研究所的碩士課程 ・同樣喜愛美酒，畢業後與老師保持聯繫，不時一起品酒、聊天、學習

理解測量世界的方法

一單位與公式

本章將會闡述何謂單位、何謂公式（定律），以及它們與世界的關係等，說明本書的目的與宗旨。內容（筆者自認為）寫得洋洋灑灑，第一次閱讀時可能會感覺抓不到要點，建議先理解單位的換算，便可繼續推進第 2 章，待閱讀完所有正文後再回頭來看第 1 章，可能會比較容易掌握完整的樣貌（或許有人會覺得何不直接放到最後一章，但最吸引人的內容當然要放在第 1 章）。

① 測量世界的方法

關鍵字：數與物理量（數值＋單位）

老師

接下來，我們要使用單位和公式來認識身邊的世界和大自然。首先來討論數學中的數和量，以及它們在現實世界中的差異。

明里、星斗

？？？

老師

舉個例子，你們知道畢氏定律嗎？

星斗

畢氏定律是指直角三角形的三邊滿足 $a^2 + b^2 = c^2$。

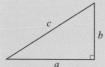

$$c^2 = a^2 + b^2$$

老師

很好。接著試著代入具體的數值。

明里

嗯⋯⋯像是 $3^2 + 4^2 = 5^2$？

老師

沒錯。邊長比 3：4：5 是數學中處理的數。那麼，在地面上描述畢氏定律時會發生什麼情況呢？

●數學中的數、量與現實世界中的數、量

以數學的畢氏定律為例，假設斜邊的長度為 5，5 這個數字只是一個存在於想像當中的抽象數值。

接著，如同希臘時代畢達哥拉斯（Pythagoras）所嘗試的，在地面上或者筆記本上畫出 3：4：5 的直角三角形時，有些人可能使用 3 公分：4 公分：5 公分來畫直角三角形，也有些人可能使用 6 公分：8 公分：10 公分來呈現相同的比例。

無論是哪種情況，都不會只有單獨的數值，必須配合單位來繪圖。相反地，現實事物的數值、量（稱為**物理量**）[1]肯定帶有單位，亦即可表示為：

$$物理量＝數值＋單位$$

●物理量很少恰好是整數

另一個數學數值與物理量的不同在於，現實世界中的物理量很少恰好是整數。即便使用直尺測量到 3 公分，這個長度肯定存在著誤差。無論如何提高測量的準確度，仍舊會在下一個位數中產生誤差。最近，人們轉為使用自然界的量當作單位的基準。

●對邊長度同為 2 公分的等腰直角三角形，其斜邊長有多長？

直接套用畢氏定理後，可得到 $c^2 = 2^2 + 2^4 = 4 + 4 = 8$，故斜邊長為 $\sqrt{8}$ 公分。然而，如果已知等腰直角三角形的邊長比例為 $1：1：\sqrt{2}$，則可直接心算 2 公分 $\times \sqrt{2} = 2\sqrt{2}$ 公分 $= \sqrt{8}$ 公分。

---

[1]：對於自然界中的事物、對象，理論上能夠測量、可數量化表達的量，稱為**物理量**（physical quantities）。

座標系統不是自然存在的概念,而是想像出來的工具

關鍵字:直角座標、圓柱座標、球座標

老師
雖然後面不太會使用到座標,但姑且還是討論一下。在網格紙上畫圖形時,我們會怎麼做呢?

星斗
我們會先決定原點,接著畫出橫軸和縱軸,然後在軸上標註刻度。

明里
真的,如果沒有標註好刻度,就沒辦法畫出漂亮的圖形,結果到頭來還是要重畫。

老師
在標註刻度的時候,有時也須要考慮單位。

星斗
還有,原點的選擇也相當重要。如果只處理正數範圍,可選擇左下角作為原點,但如果須要涵蓋負數範圍,通常會選擇正中間作為原點。

明里
這麼說來,我記得還有極座標吧。

老師
是的。在討論立體空間的時候,也會運用到圓柱座標、球座標。

Akari's Note

平面:直角坐標 (x, y)
　　　極座標 (r, θ)
空間:直角坐標 (x, y, z)
　　　圓柱座標 (r, φ, z)
　　　球座標 (r, θ, φ)

●在空間中建立網格

雖然本書不會處理複雜的座標系統，但會討論在縱橫軸上的圖形、與中心點的距離、圓周運動等，故還是統整一下座標系統（coordinate system）。

●建立符合自身需求的座標系統

假設我們要討論物體在空間中的運動狀態。在現實空間中，雖然缺乏實際的時鐘和座標網格，但即便沒有時鐘，時間仍然不斷推進；即便沒有座標，物體仍會在空間中運動。與單位相同，座標系統也是人類自行想像出來的概念。

不過，為了以數學方式描述物體的位置、速度，我們會在空間中建立座標系統。然後，由於是人類自行想像出來的，建議盡可能採用方便的座標系統。座標系統不是自然存在的概念，而是想像出來的方便工具。

●直角座標系統、圓柱座標系統、球座標系統

常見的方便座標系統是以原點為中心，於直角方向上拉出 x 軸、y 軸、z 軸的直角座標（cartesian coordinate）[2]（x, y, z）。

然後，在討論圓周運動、旋轉對稱的時候，會採用以 z 軸為對稱軸，將極座標拉長成圓柱形的圓柱座標（cylindrical coordinate）（r, φ, z）。

接著，在討論地球等球體上的現象、球對稱的時候，會選用包含徑向距離 r、極角 θ、方位角 φ 的球座標（spherical coordinate）（r, θ, φ）。

這邊只須要大致知道有這些座標系統即可。

---

[2]：英文「coordinate」取自哲學家笛卡兒的拉丁文「cartesius」，故直角座標又稱為笛卡兒座標。

3 世界的運作方式

關鍵字：原理、公設、定律、法則與公式

老師

你們知道三角形的內角和是多少度嗎？

明里

嗯……180°嘛。

星斗

感覺……沒有這麼單純。

老師

是的。如果在類似地球的球面上畫三角形呢？

明里

啊、啊啊！

老師

三角形是以直線連接 3 個點的圖形。當然，3 個點不在同一條直線上。「點」「直線」是連小學生都知道的概念、理所當然的知識。不過，這僅適用於平面的情況。如果換到球面上討論，就必須重新定義「直線」。

Hoshito's Note

原理、公設	每個人都認為理所當然的知識
定律、法則	可以證明的規則（如內角和為 180°）
	有些可邏輯地推導，有些須要由實驗、觀測證明
公式	描述定律、法則的數學式

●何謂原理、公設？

在探索自然現象時，原理、公設是自然科學所採用的預設知識。我們無法直接證明原理（principle）、公設（axiom）* 3 本身，但（由原理推導得到的各種證明）人們都認為那是正確的陳述（命題）。

以數學為例，平面幾何學的預設知識是「歐幾里得公設（Euclid's postulates）」裡頭包含了點、直線等的定義。這些概念太過理所當然，難以其他知識進一步證明* 4。

同樣地，自然科學有光速不因觀測者而改變的「光速不變原理」，狹義相對論正是以此原理為基礎所建構的理論。

●何謂定律、法則？

另一方面，定律（theorem）、法則（law）是可透過數學證明或實驗驗證（實證）的命題。有些命題是用數學方式由原理邏輯地推導，有些命題則是由實驗實際觀測得到。

舉例來說，「畢氏定律（三平方定律）」是由歐幾里得公設推導出的定律；「質能等效性（mass energy equivalence）」是由光速不變原理得到的法則。

然後，當這些定律經過證明，並被廣泛認為是正確的陳述，也間接確保了其原理、公設的正確性。

●何謂公式、方程式？

公式（formula）、方程式（equation）或者關係式（relation）是用來描述定律、法則內容的數學式，如前面提到的 $a^2 + b^2 = c^2$、後面將討論的 $E = mc^2$。

---

*3：一般來說，在非數學領域稱為原理；在數學領域稱為公設。
*4：相反地，修正歐幾里得公設（平行公設）後，可得到描述曲面空間的非歐幾里得幾何學。

4 推導測量世界的公式來理解運作方式

明里

單位和公式感覺有關聯，又感覺沒有關聯……

老師

它們可以說有關聯，也可說沒有關聯。

明里、星斗

……

老師

各種定律、法則本來就存在於大自然，是人類透過思考和實驗才發現的；而單位是人類為了方便測量世界所設計的工具。舉例來說，即便有各種不同的變數、數學式，它們背後都只有一個核心的公式、定律，而單位會因國家、時代有所不同。然而，實際應用這些公式和定律來理解世界時，我們自然需要測量用的刻度、單位。

唉！這個部分大致了解即可。

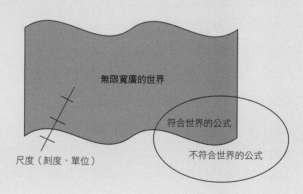

無限寬廣的世界

尺度（刻度、單位）

符合世界的公式

不符合世界的公式

18

●單位和公式的關係

各種原理、公設、定律和法則，皆為這個世界本質的一部分。無論在人類誕生之前還是現在，它們都是早已存在於大自然中的性質。隨著科學不斷進展，人類逐漸深入了解世界的運作方式，並將這些洞見逐步轉譯成人類的語言（主要是數學語言）。定律、公式蘊含了世界真理的片段，但人們所創造的定律、公式，並不一定都能完全契合現實世界。

另一方面，單位是一種人們為了方便測量世界而設計的工具，所以同樣的事物可能會有不同的單位。公尺等單位並不算是真理。

不同的國家、時代會使用各自的單位，而公式本身並不受單位所影響。因此，描述世界運作方式的定律、公式，並不受限於一種單位[5]。

在將公式和定律套用於現實世界之前，我們須要使用單位來測量世界，再透過實驗或觀測來驗證公式和定律。然後，我們必須審視驗證結果，排除與現實世界不符的公式，保留人們認為可描述現實的公式。

老師
唉！不須要過於鑽牛角尖，開心地使用單位、公式就好了。

---

[5]：然而，也有與世界真理密切相關的「單位」，如稍後會討論的普朗克尺度（Planck scale）。

國際單位制 SI

基本單位與導出單位

老師
那麼，我們來討論實際單位吧。目前所使用的是國際單位制 SI。

明里
比如公尺之類的吧。

星斗
還有公斤、秒等單位。

老師
沒錯。這些都會在後面一一說明。

明里
不過，SI 的「S」應該是系統（system）的「S」吧。

星斗
「I」是國際（international）的「I」吧。

明里
那麼，為什麼叫做國際單位制 SI 呢？

Hoshito's Note

久遠以前	尺貫制
很久以前	公尺制
稍久以前	MKSA 單位制
	cgs-gauss 單位制
現在	SI（國際單位制）

---

*6：若進一步討論**度量衡**，「度」是測量長度的工具；「量」是測量容量的工具；「衡」是測量重量的工具。

*7：某些研究領域仍舊使用 cgs-guass 單位制。日本所出版的宇宙物理學叢書全部 6 冊中，約有 20 位作者支持該單位制。

●先來討論公尺制

以前，不同的國家、地區採用不同的單位制度，如日本採用尺貫制（稍後討論）、歐美採用碼磅制等。然而，隨著各國開始交流，不一樣的單位帶來極大的不便。

甚至，在同一個國家內部，不同地區也可能使用不同的單位。據說，18 世紀的法國曾存在多達 800 種的單位，在 1789 年法國大革命當時，大刀闊斧地統一了單位（度量衡）[6]。法國於 1791 年提出「公尺制」，並於 1795 年通過相關立法，隨後於 1875 年創立國際性的公尺制公約，而日本則是於 1885 年（明治 18 年）宣布加入。

公尺制後來發展成 MKSA 單位制，以 m 測量長度、kg 測量質量、s 測量時間、A 測量電流。同時也有長久使用的 cgs-gauss 單位制，以 cm 測量長度、g 測量質量、s 測量時間、gauss 測量磁場[7]。

●邁向國際單位制 SI

另一方面，公尺制在進行擴展和整理後，在 1960 年的第 11 屆巴黎國際度量衡大會上，宣布了目前使用的國際單位制 SI。

事實上，SI 並不是英文的簡稱，完整的拼寫是法文的「Le Système International d'Unités（直譯為單位的國際制度）」。因此，國際單位制簡稱為 SI。

順便一提，SI 本身已經代表著國際單位制，故「SI 單位制」的說法不正確，那會變成是「國際單位制單位制」。不過，我們可以說「SI 單位」，其意思是「國際單位制的單位」。

最後面的附錄有彙整 SI 單位、換算、位數前置詞等，讀者可隨時翻閱參考。

6 比（分數）是單位換算的要點

換算比

老師

後面會更詳細討論各個單位的細節，這邊先來談談單位換算的要點。

例如，電影 DVC 若是 175 min，那是幾小時呢？

星斗

嗯……1 個小時有 60 分鐘，所以大約是 3 個小時。

老師

沒錯。如果要詳細計算，可以將 1 小時 = 60 分鐘的等式轉為分數：

$$\frac{1\,小時}{60\,分} = 1$$

移項後等號右邊為 1，等號左邊乘以 175 分鐘可得到：

$$175\,分鐘 \times \frac{1\,小時}{60\,分鐘} = \frac{175\,分鐘 \times 1\,小時}{60\,分鐘}$$

$$= \frac{175 \times 1\,小時}{60} = \frac{175}{60}\,小時 = 2.9\,小時$$

Hoshito's Note

正確單位換算的基本原則：

- 單位也是量的重要成分，千萬不可以輕忽。

  具體來說，我們應該清楚地寫下單位（切勿僅在腦中思考）

- 善加利用量的比（比率、分數）。

  具體來說，我們應該避免隨意相乘數量、單位，而是安排成能夠彼此消去

●嘗試計算「1 天有 86400 秒」

一般來說，1 天有 24 小時、1 小時有 60 分鐘、1 分鐘有 60 秒，故可如下計算：

1天有24（小時）×　60（分鐘）×　60（秒）=86400秒

不過，這種計算方式輕忽了「單位」的重要性。在面對較為複雜的換算時，很容易出現計算錯誤。因此，在進行換算時，務必將數值和單位一同寫出來。

例如，正確的換算步驟如下：

$$1 天 = 24 小時$$

等號兩邊同除以 24 小時，得到：

$$\frac{1 天}{24 小時} = 1$$

這稱為**換算比**。同理可知：

$$\frac{1 小時}{60 分鐘} = 1 \quad 或 \quad \frac{1 分鐘}{60 秒} = 1$$

然後，依序將它們相乘，得到：

$$\frac{1 天}{24 小時} \frac{1 小時}{60 分鐘} \frac{1 分鐘}{60 秒} = 1$$

消去分母分子相同的單位，並將數值相乘，得到：

$$\frac{1 天}{24 小時} \frac{1 小時}{60 分鐘} \frac{1 分鐘}{60 秒} = \frac{1 天 \times 1 \times 1}{24 \times 60 \times 60 秒} = \frac{1 天}{86400 秒} = 1$$

最後將分母移項到等號的另一邊，得到：

$$1 天 = 86400 秒$$

這就是單位換算的基本作法，非常重要。

比（分數）的運算相當基礎，熟悉後可如下計算：

$$1 天 = 1 天 \times \frac{24 小時}{24 小時} \times \frac{60 分鐘}{60 分鐘} \times \frac{60 秒}{60 秒} = 86400 秒$$

僅須消去分母分子相同的量（1 天和分母的 24 小時；1 小時和分母 60 分鐘等），就可用 1 行計算完成單位換算。

7 除了單位換算外,比(分數)也非常重要

絕對運算與相對運算

老師

已知地球的半徑約有 6400 公里、太陽的半徑約有 70 萬公里,
你們知道太陽的半徑是地球的幾倍嗎?

明里

不用計算也知道是 109 倍哦。

老師

那麼,太陽的體積是地球的幾倍呢?

明里

嗯……球的體積公式是三分之四乘以 π 再乘以半徑的三次方
……

星斗

該不會是 109 × 109 × 109 倍?

明里

哎?

老師

我們不一定要計算所有數值。
有的時候只須要計算比率就可以了。

Hoshito's Note

絕對運算　計算全部的值來求數值
相對運算　找出關鍵部分來求比(比率)
$R_\odot$(太陽半徑)= 70 萬公里
$R_\oplus$(地球半徑)= 6400 公里

●太陽的體積是地球的幾倍？

已知地球是半徑 6400 公里的球、太陽是半徑 70 萬公里的球。假設球的體積為 V、球的半徑為 r，則球的體積公式如下：

$$V = \frac{4\pi}{3}r^3$$

因此，地球的體積為 1.10×10^{21} m^3；太陽的體積為 1.44×10^{27} m^3，比較後兩者相差 1.31×10^6 倍。這稱為絕對運算。

另一方面，在代入實際數值之前，我們可先討論體積的比（比率），以消去相同的係數：

$$\frac{V（太陽）}{V（地球）} = \frac{\frac{4\pi}{3}R^3_{太陽}}{\frac{4\pi}{3}R^3_{地球}} = \frac{R^3_{太陽}}{R^3_{地球}}$$

再用半徑的比率表達體積的比率，得到：

$$\frac{V（太陽）}{V（地球）} = \frac{R^3_{太陽}}{R^3_{地球}} = \left(\frac{R^3_{太陽}}{R^3_{地球}}\right)^3 = 109^3 = 1.3 \times 10^6$$

即便不實際計算體積，也能夠輕鬆求得倍率。

這稱為相對運算。

老師
除了單位的換算，在許多情況中，用比例來運算也非常有用。

星斗
不要一股腦地敲打計算機嘛。

老師
沒錯。在進行兩位數的除法運算時，也應該避免寫出多達十位數的答案。

星斗
嗚……我的黑歷史……

公式的運用方式

公式等號兩邊的單位相同

老師

公式的細節稍後會再討論，這邊先來談公式等號兩邊的單位相同。再重申一次，公式等號兩邊的單位必須相同。

明里

老師，講一次我們就了解了。

老師

因為很重要所以說了兩遍。畢氏定理等數學定律或許不太須要考慮這個，但大自然的法則通常是以物理量來描述，而物理量是由數值和單位所組成。因此，公式中的物理量必定含有單位，只有加入正確的單位，公式才能夠成立。

明里

唉！理所當然的事情。

星斗

有沒有具體的例子？

老師

啊……已經沒有版面了。

Akari's Note

- 物理學關聯式、公式兩邊的單位必須相同。
- 若兩邊的單位不同，代表公式可能是錯誤的。
- 列出公式時，必須確保兩邊的單位相同。

●從公式來看單位

在自然科學中，公式、關聯式、方程式大多是「左邊＝右邊」的數學式。以等號連接的數學式，意味著兩邊是相同的事物。除了數值、量以外，兩邊的單位也必須一致。

因此，尚未確定某個物理量的單位時，可比較公式兩邊來推導未知的單位。相反地，只要統一兩邊物理量的單位，就能夠清楚理解該公式的本質。

請讀者先瀏覽下面的例子，細節留到後面的章節再深入討論。

● 不曉得力的單位 N ⇒ 使用加速度的公式

力＝質量 × 加速度

$F = ma$

可知 $N = kg\ m/s^2$

● 不曉得能量單位 J ⇒ 列出動能公式

$$動能 = \frac{1}{2}mv^2$$

可知 $J = kg\ m^2/s^2$

● 地表附近的位能是 mg 嗎？

mg 的單位是 $kg\ m/s^2$，與 J 比較後可知少了一個 m。

⇒ 再乘以高度差 h，mgh 就符合了能量單位。

明里
總覺得很理所當然。

老師
唉！討論電磁學的時候，就會發現其中的驚奇之處

9 單位、因次與因次分析

老師
唉！下面要講的內容其實可以先跳過。

明里
沒關係，之後想看時再回來閱讀嘛。

老師
我們要講將單位一般化。以不同的長度單位為例，它們都是描述長度物理量的單位，所以會連同單位將各種物理量的屬性稱為因次。

● 單位與因次的差異

	單位 unit	因次 dimension
長度	公尺、公分、英里、尺	L（Length）
質量	公斤、公克、貫	M（Mass）
時間	秒、小時	T（Time）
角度	度、弧度	O（因次為 0）

老師
根據上面的單位和因次比較表可知，在一般的單位換算，必須正確地使用單位，但在整合公式兩邊的單位時，通常會使用因次來討論。

明里
討論因次感覺有點帥氣。

老師
唉呀！的確如此。

●物理量的因次

描述長度的物理量具有長度因次 L（length）；描述質量的物理量具有質量因次 M（mass）；描述時間的物理量具有時間因次 T（time）。這裡所謂的因次是，表達各種物理量屬性的物理因次（physical dimension）。

舉例來說，基本常數的因次如下：

光速的因次 $[c]\,(\mathrm{m\ s^{-1}}) = \mathrm{LT^{-1}}$

萬有引力常數的因次 $[G]\,(\mathrm{N\ m^2\ kg^{-2}}) = \mathrm{L^2LT^{-2}M^{-1}} = \mathrm{M^{-1}L^3T^{-2}}$

普朗克常數的因次 $[h]\,(\mathrm{Js}) = \mathrm{ML^2T^{-2}} = \mathrm{ML^2T^{-1}}$

即便沒有深入的數學、物理知識，也可透過組合物理量的因次推估世界的基本量。這種非常強大的手法，稱為因次分析。

●以因次分析求黑洞的尺寸

黑洞尺寸與本身的質量 m（因次 $[m] = M$）有關聯。此外，黑洞是一個強大到能夠困住光線的重力場，故與萬有引力常數 G、光速 c 也有關聯。透過結合 G、c 和 m，可得到具有長度因次的量嗎？

首先，由 Gm 的組合因次 L^3T^{-2} 可知，已經消去了質量因次 M。若想要再消去時間因次，則須要除以光速的二次方，得到：

$$\left[\frac{G \times m}{c^2}\right] = \frac{\mathrm{L^3T^{-2}}}{\mathrm{L^2T^{-2}}} = L \qquad \begin{array}{l}[\,G\,]\,(\mathrm{N\,m^2\,kg^{-2}})\\ [\,c\,]\,(\mathrm{m\,s^{-1}})\end{array}$$

實際上，黑洞的重力半徑如下：

$$r_\mathrm{g} = \frac{Gm}{c^2}$$

正好是球對稱史瓦西黑洞（Schwarzschild Black Hole）半徑的一半。

單位、變數的表記方式

　　這邊詳細整理了表達單位、變數的基本規則：

- 單位應該以半形空格間隔，並且使用正體字

　　10 km、10000 K　◎

　　10km、10*km*　△

- 單位的縮寫應該使用正確的大小寫

　　10 Km、10000 k　×

- 附加複數單位時應該避免混淆

　　kg m s^{-2}　◎

　　kg m/s^2　○

　　kga · m/s^2　○

　　kg m/s/s　× ←不曉得是 kg(m/s)/s 還是 kg m/(s/s)

- 常數、變數應該使用斜體字（但希臘字母使用正體字）

　　常數 *a b c*、座標 *x y z*、速度 *v*、力 *F*、波長 λ

- 向量不加箭頭但使用粗斜體（Bold-italic font）

　　速度向量 **v**、向量的力 **F**

- 特殊常數、變數也可使用手寫體（筆記體、花文字）

　　氣體常數 $\mathcal{R}$（本書記為 R_g）、因次 $\mathscr{ABCDEF}$

- 變數符號通常是英文字首的縮寫

　　半徑 *r*（radius）、時間 *t*（time）、質量 *M* 或者 *m*（mass）

- 物理常數通常使用約定俗成的符號[8]

　　光速 *c*、萬有引力常數 *G*、普朗克常數 *h*

　　了解有關常數、變數符號的潛規則後，會突然覺得上下文、公式變得簡單易懂了吧。

※ 8：順便一提，光速的 *c* 取自拉丁文速度「celeritas」的字首；普朗克常數 *h* 是普朗克首次使用，取自德文輔助量「Hilfsgröße」的字首。

第2章

地球的周長「正好」是4萬公里

時間、空間、運動

本章將列舉有關時空、運動的基本單位和公式，探討一些讀者可能已經熟悉的基礎知識，並討論太陽曆和葛瑞格里曆（Gregorian calendar）之間的差異。雖然與世界真理的關係不大，但本章也會介紹一些日常生活上有用的單位，如1坪、1升和A4尺寸，同時稍微討論與時間和長度單位相關的公式。此外，本章還將首次提及光速（定義值），雖然讀者可能不常聽聞這種物理常數，但後面的章節將涉及多個定義值，還請先仔細閱讀這部分的內容。

10 1年有多少秒？

單位：秒（s）、分鐘（m）、小時（h）、天（d）、年（y）

明里
一般情況是採用 10 進位，但時間的進位方式不一樣吧。

老師
時間是以 60 為基數來進位，採用 60 進位（進制）。60 是非常方便的數字，它可以被 12 和 10 整除。

星斗
1 小時有 60 分鐘，1 分鐘有 60 秒，這是從什麼時候開始使用的？

老師
據說，大約在西元前 2000 年的美索不達米亞，人們認為 1 年有 360 天，因此決定將 1 年分為 12 個月，每個月 30 天。同時，他們將 1 小時分割成 60 分鐘，1 分鐘再分割成 60 秒。

Hoshito's Note

1 年（y）[1] = 365 天
1 天（d）= 24 小時
1 小時（h）= 60 分鐘
1 分鐘（m）[2] = 60 秒
1 秒（s）[3] =（目前定義）銫 133（^{133}Cs）原子於兩個能階間躍遷時其輻射光波為 9192631770 個週期的持續時間

---

[1]：「年（單位）」原本是稻穗結穗的意思，後來才將結穗週期的 1 年轉用為時間單位。

[2]：「分」原本是一個會意形聲字，象徵著「用刀子切開來」的樣子。英文「minute」取自中世紀拉丁文的「minuta prima（第一小部分）」，意思是第一個 60 分之 1 的部分。

[3]：「秒」原本是「稻穗的前端」，後來才轉為表示微小事物的意思。英文「second」取自中世紀拉丁文的「minuta secunda（第二小部分）」。在角度方面也有類似的單位。

[4]：這是以 365 天為計算基準，若使用後面的太陽日（365.2422 天），會發現第 3 位數的數值不一樣，不妨計算一下看看。

●秒的定義其實很複雜

在當前使用的國際單位制 SI 中，時間的基本單位是秒（second）。分鐘（minute）、小時（hour）、年（year）等雖然也是常用的時間單位，但它們並不是 SI 中的基本單位。

年、月、日等原本是根據太陽、月球、地球運行週期所訂定的時間單位。

然而，長年以來，太陽和地球的運行逐漸變動，導致 1 秒的長度也相應地改變，故現在改以原子為基準來定義 1 秒。換句話說，當前原子時中的 1 秒，定義為銫 133（^{133}Cs）原子於特定變化時輻射光波 9192631770 個週期的持續時間。

●嘗試計算 1 年有多少秒

$$\frac{1\,年}{365\,天} \times \frac{1\,天}{24\,小時} \times \frac{1\,小時}{60\,分鐘} \times \frac{1\,分鐘}{60\,秒} = \frac{1\,年 \times 1 \times 1 \times 1}{365 \times 24 \times 60 \times 60\,秒}$$

$$= \frac{1\,年}{31536000\,秒} = 1$$

將最後的分數移項，得到[4]：

$$1\,年 = 31536000\,秒 = 約\,3000\,萬秒$$

明里
哼～不過，知道 1 年有多少秒，這有什麼用處呢？

老師
例如，心搏約 1 秒跳動 1 下，那麼 1 年會跳動幾下？

星斗
3000 萬下，心臟真的非常努力。

11 閏年是怎麼決定的？

單位：太陽日（d）、太陽年（yr）

明里
1 年有 365 天，但還有閏年對吧？

老師
大自然的現象無法單純地切割。你們覺得 1 天是怎麼決定出來的呢？

星斗
地球相對於太陽自轉 1 圈的時間？

老師
沒錯。太陽由正南方再次出現在正南方的時間。那麼，1 年

星斗
地球繞太陽公轉 1 圈的時間？

老師
是的。然而，並非恰好 365 天公轉 1 圈，而是會多出 1/4 天左右，所以須要設置閏年來調整。

Hoshito's Note

1 個太陽日[5]＝太陽由南中[6]再次出現在南中的時間
1 個太陽年[7]（回歸年）= 365.2422 個平均太陽日
1 年 = 365.2425 天（當前的葛瑞格里曆）

---

[5]：太陽日是以太陽為基準，而恆星日是地球相對於遠方星體自轉 1 圈的時間，1 個太陽日比 1 個恆星日約多出 4 分鐘。

[6]：太陽移動到正南方時稱為南中。

[7]：以恆星日計數的 1 年稱為 1 個恆星年。恆星日比太陽日短約 4 分鐘，故 1 個恆星年 = 366.2422 個恆星日

●平時使用的是太陽時與太陽日

太陽時是以地球相對於太陽自轉為基準，將太陽移動到正南方的時刻訂定為中午 12 點的時間，而太陽日是指一整天。然後，制定太陽年（回歸年）為地球繞太陽公轉 1 圈的時間，則：

1 個太陽年（回歸年）= 365.2422 天（平均太陽日[*8]）

該天數近似當前太陽曆的葛瑞格里曆[*9]：

1 年 = 365.2425 天

因此，我們會設置閏日來調整微小的差距。

葛瑞格里曆將可被 4 整除的西曆年數訂定為閏年，無法被整除的年數訂定為平年。不過，每年多出的天數小於 1/4 天，無法被 4 或者 400 整除的年數也訂定為平年。換句話說，400 年間共有 303 個平年和 97 個閏年。

●嘗試計算閏年有多少秒數

這邊不須要全部重新計算，可以利用比例的原則，由 365 天有 31536000 秒來推算：

$$31536000 \text{秒} \times \frac{366 \text{天}}{365 \text{天}} = 31622400 \text{秒}$$

星斗

感覺……沒有這麼單純。

老師

裡頭會有 0.12 天的誤差[*10]，經過 4000 年後會出現約 1 天的誤差。唉呀！這部分就交給未來的人們處理吧。

＊ 8：由於地球運行軌道並非圓形，故（真）太陽日的長度會有所變化，實際上會使用經過平均的平均太陽日。

＊ 9：葛瑞格里曆制定於 1582 年。閏日的概念也出現於羅馬時代凱薩大帝制定的儒略曆（Julian calendar）。

＊ 10：365.2422 × 400 − 365 × 303 − 366 × 97 = ?

12 地球的周長「正好」是4萬公里

單位：m、km、1間

明里
高中地理課有提到地球的周長為4萬公里，自然界應該不會有剛剛好的整數吧？

老師
沒錯。所以，這邊的順序要相反過來。

星斗
什麼意思？

老師
簡單來說，人們過去是依照地球來制定公里、公尺等單位。在18世紀末的法國大革命，人們革命性地訂定了一套單位——公尺制[11]。

Hoshito's Note

1 m（公尺）[12]＝地球周長的4000萬分之1

1 km（公里）＝地球周長的4萬分之1

1 m＝（目前定義）光在真空中2億9979萬2458分之1秒之間的移動距離

1間（榻榻米縱長）＝約1.82公尺

---

[11]：1791年，法國提出以公尺為基準的「公尺制」，並於1795年完成立法。隨後，於1875年創立了國際性的公尺制公約，日本於1885年宣布加入。公尺制在進行擴展和整理後，於1960年的第11屆巴黎國際度量衡大會上，正式公布了現行的國際單位制SI。

[12]：公尺（meter）取自希臘文「μέτρον」（metron），意為尺度或測量。該詞先演變成法文的「mètre」，然後再轉變為英文的「meter」。

●公尺的定義也變得不單純了

在國際單位制 SI 中，長度的基本單位是公尺：m（meter）。

長久以來，1 公尺被定義為地球周長的 4000 萬分之 1，並以鉑 90%、銥 10% 的合金原器當作基準。然而，原器複製品存在微小誤差、原器本身也會逐年劣化等問題，促使人們於 1983 年根據大自然重新定義公尺。目前定義為：

1 m ＝ 光在真空中 2 億 9979 萬 2458 分之 1 秒之間的移動距離

順便一提，在日本的長度單位中，平時常用的 1 間（榻榻米縱長）約為 1.82 公尺 [*13]。

●嘗試挑戰有趣的計算

問題：試問將紙張（厚度 0.1 mm）折疊多少次可以抵達月球（38 萬 km）？

答案：每次折疊紙張，其厚度會變成原來的兩倍，當紙張折疊 N 次時，其厚度會增加 2^N 倍。因此，我們要求 0.1 毫米 $\times 2^N =$ 38 萬公里裡頭的 N：

$$2^N = \frac{38 萬公里}{0.1 毫米} = \frac{380000000 公尺}{0.00001 公尺} = 3.8 \times 10^{12}$$

移項後需要做對數運算，但為了避免使用對數，我們可利用 $2^{10} = 1024 = 約 1000 = 約 10^3$ 這個技巧（祕技）。等號兩邊自乘 4 次，得到：

$$2^{40} = 2^{10} \times 2^{10} \times 2^{10} \times 2^{10} = 10^3 \times 10^3 \times 10^3 \times 10^3 = 10^{12}$$

然後，由 $2^2 \times 2^{40} = 4 \times 10^{12}$ 可知答案為 2 次 ＋ 40 次 ＝ 42 次。

[*13]：「間」原本是指建築物中柱子間的距離，長度並沒有統一的標準。而榻榻米最初是草蓆等可堆疊的墊子，後來演變成鋪設房間地板的材料，才使得「間」的長度趨於一致。例如，中京間的尺寸約為 1.82 公尺，還有比較寬的京間、比較窄的江戶間等種類。無論是哪種間的榻榻米，1 疊指的都是足夠讓一個人平躺的尺寸。

13 6疊有幾平方公尺？

單位：**m²**、**a**、**ha**、坪

明里
土地面積有使用公畝（a）、公頃（ha）這兩個單位吧。

老師
當 SI 單位超過三位數，在日常使用上會不太方便。

星斗
嗯……1 公畝等於 100 平方公尺、100 公畝等於 1 公頃？

老師
沒錯。再往上增加 100 倍則會變成 1 平方公里。

Hoshito's Note

1 m²（平方公尺）[14] ＝ 1m × 1 m 的面積

1 a（公畝）[15] ＝ 10 m × 10 m ＝ 100 m²

1 ha（公畝）[16] ＝ 100 m × 100 m ＝ 1 萬 m²

1 km²（平方公里）＝ 1000 m × 1000 m ＝ 100 萬 m²

1 疊（1 張榻榻米的面積）[17] ＝約 1.65 m²

1 坪（2 張榻榻米的面積）[18] ＝ 1 間 × 1 間的寬度＝約 3.31 m²

A4 尺寸＝ 210 mm × 297 mm

B4 尺寸＝ 257 mm × 364 mm

---

[14]：也可記為平方米。過去會將公尺記為米，平方公尺也可說成平方米。

[15]：公畝（a）是在 1879 年的國際度量衡大會上定義的單位，其符號取自拉丁文的面積「area」。

[16]：公畝（ha）結合了意味 100 的前置詞（h）和公畝（a），其中「h」是「hecto-」的縮寫。

[17]：中京間的情況。京間（本間）會比較寬廣；江戶間會比較狹窄。

[18]：同樣也是中京間的情況。

[19]：在昭和初期統一紙張尺寸的過程中，最初採用了接近日本雜誌的 A 版尺寸，後來提出了更接近書籍大小且面積放大 1.5 倍的 B 版尺寸。

●僅使用國際單位制可能造成日常生活上的不便

在國際單位制 SI 中，面積的基本單位是平方公尺：m^2。

學校教學、公家文件等常會使用 SI 單位，但現實生活中可能不太好用，我們有時會併用輔助性質的單位，如面積的公畝、公頃；體積的公升等。此外，日本也會使用疊、坪、合、升（下節討論）等慣用單位。

● 6 疊間是多少平方公尺？

6 疊間的尺寸是縱長 2 間（約 3.64 m）、橫寬 1.5 間（約 2.73 m），故面積為 3.64 m×2.73 m ＝ 9.94 m^2 ＝約 10 m^2。這須要使用電子計算機來準確運算。

不過，若知道 1 坪約為 3.31 m^2、6 疊等於 3 坪，則可立即算出 9.93 m^2，推知 6 疊間大致為 10 m^2。

●紙張 A 版尺寸和 B 版尺寸的差異

紙張尺寸分為 A 版和 B 版兩種規格，其中 A5 尺寸 ＝ 148 mm×210 mm、A4 尺寸 ＝ 210 mm×297 mm、A3 尺寸 ＝ 297 mm×420 mm，下一個尺寸的長邊等於上一個尺寸的短邊。

然而，B4 尺寸 ＝ 257 mm×364 mm，與 A4 尺寸大小不一樣。由縱長橫寬看不出有什麼關係，但試著計算面積進行比較：

$$\frac{\text{B4尺寸}}{\text{A4尺寸}} = \frac{257\text{mm} \times 364\text{mm}}{210\text{mm} \times 297\text{mm}} = \frac{93548}{62370} = 1.500$$

我們會發現 B 版的面積是 A 版的 1.5 倍[*19]。

順便一提，大家都知道 A4 尺寸對折一半會變成 A5 尺寸。那麼，長邊和短邊應該維持什麼比例呢？

14 三維空間包含長寬高

單位：m³、L、升

明里
談完面積，接下來要討論體積。體積的單位是公升（L）對吧？

老師
在討論體積時不常使用 SI 單位。我們會使用平方公尺描述住宅地、田地等的面積，但日常生活中很少使用立方公尺表達體積吧。

星斗
的確，使用公升就能夠解決了。

老師
不如說，了解 1 升、1 合等單位還比較實用。紅酒瓶和日本酒的 4 合瓶兩者的體積大致相同。

Hoshito's Note

1 m³（立方公尺）[20] ＝ 1 m × 1 m × 1 m 的體積（容積）

1 cm³（立方公分）[21] ＝ 1 cm × 1 cm × 1 cm

1 L（公升）[22] ＝ 10 cm × 10 cm × 10 cm ＝ 1000 cm³

1 kL（公秉）＝ 1000 L ＝ 100 萬 cm³ ＝ 1 m³

1 升＝約 1.8 L

4 合＝約 720 mL

＊ 20：立方公尺又可稱立方米。

＊ 21：過去常將 1 cm³ 稱為 1 cc（cubic centimentre），但現在已經不這樣使用了。

＊ 22：公升取自拉丁文的重量單位「litra」。明明是體積單位卻衍生自重量單位，可能會讓人覺得奇怪，但公升最初是指 1 kg 水的體積。另外，單位符號通常以小寫字母表示，但小寫字母「l」容易與數字「1」混淆，故採用大寫字母「L」作為公升符號。

● 體積單位的種類不多也不覺得困擾

在國際單位制 SI 中，體積的基本單位為立方公尺：m^3。

除了土木工程等特定場合外，日常生活中很少使用立方公尺。

我們平時常用的體積單位為公升：L（liter），如一升瓶裝的酒類、醬油；1 L、500 mL 的寶特瓶、牛奶盒。一瓶標準的紅酒滿瓶容量（Full Bottle）約為 720 ～ 750 mL，而罐裝果汁、洗潔劑、調味料、化妝品等液體用品的體積約為 10 ～ 100 mL。在日常生活中，使用 L（甚至只須要使用 mL）這個單位就足夠了。

● 1 升有多少合？

大家早就知道 1 升等於 10 合，但我們仍然可以通過 4 合＝720 mL、1 升＝1.8 L 來換算。儘管可直接將兩者都改分數＝1，但這邊選擇使用**換算比**來計算。由 4 合＝720 mL 可知 4 合 / 720 mL＝1 或者 720 mL / 4 合＝1 成立，<u>且必須完整寫出單位</u>。通過乘以換算比，可以得到：

$$一升 = 1.8L \times \frac{4合}{720mL} \quad 或者 \quad 一升 = 1.8L \times \frac{720mL}{4合}$$

然而，後者明顯無法消去單位，故前者才是正確的換算比。剩下的就是消去單位完成換算。

> **老師**
>
> 雖然酒類的酒精含量應該以重量來衡量，但我們仍然可用體積來大致估算。一瓶濃度為 15%、容量為 2 合的日本酒含有 54 毫升的酒精；半瓶濃度為 13% 的紅酒含有 47 毫升的酒精；三瓶濃度為 4%、容量為 500 毫升的罐裝啤酒共含有 60 毫升的酒精。我平常會喝 1 杯的紅酒和 4 瓶的罐裝啤酒，攝取的酒精含量其實挺多的。

15 結合時間單位與長度單位

單位：m/s、km/h

老師

我們來試著結合時間和長度的單位吧。

明里

結合後變成速度的單位，比如公尺每秒（m/s）。

星斗

交通工具使用的是時速。

老師

我們來談談「飛矢不動悖論（Flying Arrow Paradox）」吧。根據這個悖論，從弓射出的箭矢在飛行的任何瞬間都是暫停的，所以它在這個位置上和不動沒有什麼區別。這是希臘哲學家芝諾提出的「芝諾悖論（Zeno's Paradoxes）」，你們能夠反駁這個矛盾嗎？

明里、星斗

……

老師

芝諾悖論是涉及位置和速度的矛盾。某個瞬間的箭矢只有位置資訊，所以討論箭矢是否運動沒有意義。只有當與其他瞬間的位置資訊比較，我們才能了解箭矢的運動狀態。儘管如此，芝諾悖論確實捕捉到了運動的本質。

Hoshito's Note

1 m/s（公尺每秒）* 23 = 每秒前進 1 公尺的速度（秒速）
1 km/h（公里每小時）= 每小時前進 1 公里的速度（時速）

＊ 23：擺在分母的單位通常以「/」來區隔，但當分母的單位較多，我們可能會困惑哪些是分母和分子，故在科學領域會使用 ms^{-1} 等指數來表達。

●百米跑者與汽車哪個比較快？

國際單位制 SI 以秒速來測量速度（速率），其單位是公尺每秒 m/s（ms^{-1}）。然而，在日常生活中，我們更習慣使用時速作為速度的單位。

舉例來說，百米賽跑的世界紀錄約為 10 秒完成 100 公尺，也就是秒速 10 公尺。與時速 50 公里的汽車相比，哪個速度更快呢？試著將汽車的速度換算成秒速吧。將 50 km/h 的單位拆開成分子和分母，換算過程如下：

$$50km/h = \frac{50km}{h} = \frac{50 \times 1000m}{60 \times 60s} = \frac{50000m}{3600s} = 13.88 \frac{m}{s}$$

果然，汽車的速度更快一些。

●各種不同的速度

人類走路的速度約為 1.2 m/s，腳踏車的速度約為 4 m/s，汽車的速度約為 50 km/h，還有新幹線的速度約為 300 km/h 等，這些都是物體的速度例子。然而，當談到液體或氣體的流動，我們會改成使用流速。討論空氣的速度時，我們也經常使用風速，如風速 20 m/s 的暴風。

此外，還有一種速度是波速，物質（或介質）本身不流動，而是通過介質來傳遞。例如，在空氣中傳播的音速約為 340 m/s、吉他弦的波速約為 2.4 m/s。

老師
其他還有雨水的滴落速度（直徑 2 毫米的雨水約為 6 m/s）、雲朵的沉降速度……

明里
哎！雲朵不是浮在空中嗎？

老師
雲朵中的粒子（雲凝結核）是微米級別的微粒子，它們會受到輕微的上升氣流抬升，然後以每秒數公分的速度沉降。

以多個單位組成公式

公式：路徑長與時間、旋轉週期

明里
剛才一直在討論面積和體積，感覺有點膩了。

老師
各位久等了。談完時間、長度和速度的單位後，我們終於要來講一些有關公式的內容了。

星斗
如果只有一種單位，我們只能做單位轉換。

老師
藉由結合時間、長度和速度，就可以推導出各種不同的關聯式（公式）。

從山田家到學校的距離

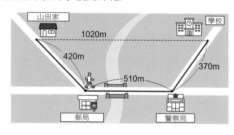

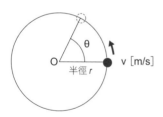

Hoshito's Note

x：路徑長
v：速度
t：抵達時間
r：旋轉半徑
V：旋轉速度
T：旋轉週期

$$t = \frac{x}{v}$$

$$T = \frac{2\pi r}{V}$$

＊24：相對於直線距離（位移），沿途測量的距離長度稱為路徑長。

●路徑長、抵達時間與速度的關係

在國小的數學課中，是否解過類似以下的問題：「已知前往小學的路徑長[24]為 2 公里，走路要花費 30 分鐘。試問走路的速度為多少？」此時，速度可以表示如下：

$$走路速度 = \frac{路徑長}{時間} = \frac{2km}{30分} = \frac{2000m}{30 \times 60s} = 1.11m/s$$

在國小階段，我們習慣逐一代入數值解題。然而，一般通常假設路徑長為 x、時間為 t、行走速度為 v，並列出下述公式（關聯式）：

$$v = \frac{x}{t}$$

此外，結合具有長度單位的路徑長 x 和具有時間單位的時間 t，可得到具有速度單位的量，這三者之間只會形成這種關聯式。

●嘗試計算旋轉週期

從身邊常見的時鐘、車輪，到地球自轉和行星公轉等，世界上存在著各種不同的旋轉運動。假設旋轉半徑為 r、旋轉速度為 V，如下結合才有辦法得到具有時間單位的旋轉週期 T：

$$T = \frac{r}{V}$$

雖然在單位上沒有問題，但在旋轉運動中，週期 T 是指以速度 V 繞著圓周 $2\pi r$ 旋轉一圈的時間，故正確的關聯式如下：

$$T = \frac{2\pi R}{V}$$

老師

唉呀！一股腦地結合單位，未必能夠得到正確的公式（關聯式）。即便兩邊的單位符合，許多公式須要乘以不具單位的數值。因此，我們多少要動一下腦筋。

17 速度變化的比率是加速度

老師

位置變化的比率是速度，那麼速度變化的比率是什麼呢？

明里

加速度嘛！單位是公尺每秒平方（m/s^2）。

老師

沒錯。我們先來稍微談談重力，地表上的物體承受著地心引力的重力加速度，地表任何地方的重力加速度皆約為 9.8 m/s^2。這個重力加速度的大小也稱為 1 G。

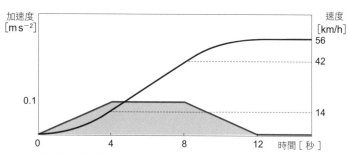

車子行駛時的加速模式：0～4 秒的加速度以固定比率逐漸增加，4～8秒的加速度保持固定（速度以固定比率逐漸增加），8～12 秒的加速度以固定比率逐漸減少，12 秒後的加速度為 0（以固定速度行駛）。

Hoshito's Note

1 m/s^2（公尺每秒平方）[25] ＝每秒增加、減少 1 m/s 的加速度

1 G（地球的重力加速度）＝ 9.8 m s^{-2}

＊ 25：為了避免混淆，這邊也記為 m s^{-2}。

＊ 26：300 km/h / 3 min ＝ 300 km/h / 180 s ＝ 1.6 km/h/s（h 為小時）。

＊ 27：其實，跑車都會標榜 10 秒內加速至 100 km/h，這邊是刻意從行駛距離來推算的。

46

●嘗試比較跑車與新幹線的加速度

日本的新幹線（700 系列）據稱可於 3 分鐘內加速到時速 300 公里 [*26]，而跑車行駛 140 公尺後可達到 100 km/h。兩者難以直接比較，試著將它們轉為 SI 單位。首先，新幹線的轉換很簡單，將 300 km/h 除以花費的時間 3 min，得到：

$$新幹線的加速度 = \frac{300km}{1h \times 3min} = \frac{300000m}{3600s \times 180s}$$

$$= \frac{300000m}{648000s^2} = 0.46 \times \frac{m}{s^2}$$

而跑車須要計算加速時間。由速度 0 加速到 100 km/h，假設平均速度為一半的 50 km/h，再由行駛距離 $= \frac{1}{2}$ 速度 × 加速時間，可求得跑車的加速時間 [*27]：

$$跑車的加速時間 = \frac{140m}{\frac{50km}{h}} = \frac{140m}{50000m} 3600s = \frac{140 \times 3600s}{50000} = 10s$$

然後，如同新幹線的算法，換算跑車的加速度：

$$跑車的加速度 = \frac{100km}{1h \times 10s} = \frac{100000m}{3600s \times 10s}$$

$$= \frac{100000m}{36000s^2} = 2.77 \times \frac{m}{s^2}$$

如同預期，跑車的加速性能較為出色。

●與重力加速度比較

我們會在下一章詳細討論重力（力），這邊先知道地表上的物體會因重力作用而有向下的加速度。該加速度的大小為 9.8 公尺每秒平方，高達跑車的 3 倍以上。地球的重力加速度一般稱為 1 G（也可使用小寫字母 g），這也是發射火箭時常會說「承受 G 力」的「G」。

18

試求圓周運動的加速度

公式：圓周運動的加速度

老師
我們來討論物體做等速圓周運動時的加速度吧。

明里
做等速運動卻有加速度？

老師
汽車或電車轉彎的時候，我們會感覺身體被往外拋。這跟行駛時（加速時）的情況一樣，物體正在做加速運動。

星斗
確實有被往外拋的感覺，可是……

老師
做圓周運動的物體，雖然速度大小固定，但速度的方向卻是改變的。

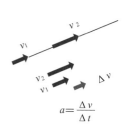

$$a = \frac{\Delta v}{\Delta t}$$

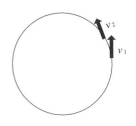

$$a = \frac{\Delta v}{\Delta t}$$

直線運動與圓周運動

Hoshito's Note

r：圓周運動的半徑
V：圓周運動的速度
a：圓周運動的加速度

$$a = \frac{V^2}{r}$$

●圓周運動是加速度運動

談到加速度時，我們常常想到直線運動，但其實圓周運動也是一種加速度運動。開車出發（緊急煞車）時，汽車會加速（減速）行駛，這會使我們感受到向後（向前）的作用力。同樣地，轉彎時，我們會感覺身體被往外拋。為了避免機車倒下，機車騎士會將身體傾斜向彎道內側。這些都是由圓周運動所引起的加速度效應。

●由單位推導圓周運動的加速度公式

為了幫助理解，我們來討論半徑、旋轉速度固定的圓周運動。半徑（假設為 r）的單位是 m，旋轉速度（假設為 V）的單位是 m/s，結合兩者可得到加速度（假設為 a）的單位 m/s²。

由於加速度的分母有兩個 s，故先將分母具有一個 s 的速度 V 取平方：

$$V^2 \text{的單位是} \quad \frac{m^2}{s^2}$$

這次變成分子多了一個 m，故再除以具有 m 單位的半徑 r：

$$\frac{V^2}{r} \text{的單位是} \quad \frac{m}{s^2}$$

最後變成加速度的單位，可知等速圓周運動的加速度公式為：

$$a = \frac{V^2}{r}$$

19

真空中的光速

基本常數：c

老師

雖然在公尺的定義已經提到光速，但我們再重新統整一下吧。
說說看你們知道的光速知識。

明里

光速是每秒 30 萬公里！1 秒可繞地球 7 圈半。

星斗

沒有比光更快的東西！！

老師

嗯，差不多就是這樣。不過，「沒有比光更快的東西！！」這
句話只適用於真空中的情況。

星斗

意思是在非真空環境下不是這樣嗎？

老師

是的。例如，光在水中的速度僅有在真空中的 3/4。所以，在
水中會出現比光更快的東西。

Hoshito's Note

光速的符號 * 28：c
真空中的光速：c ＝約 30 萬 km/s
真空中的光速：c ＝（定義值）2 億 9979 萬 2458 m/s

＊ 28：據悉，光速符號使用的小寫字母「c」，取自拉丁語速度「celeritas」的字首。19 世紀
末，人們是使用常數（constant）的字首「c」表示光速，若再追溯至伽利略時代，
則是使用表示速度的拉丁語「celeritas」。直到 1907 年，愛因斯坦於論文中以「c」代
表光速後（過去是使用「V」），人們才普遍採用「c」表示光速。

●即便提升測量準確度，真空中的光速仍舊不變！？

若以公尺原器為基準，長度會因逐年劣化、測量準確度提升而改變。過去，人們以該公尺原器推估 9 位數精準度的真空光速，但在 1983 年的國際度量衡大會上，人們改變了立場，提出真空中光速的定義值：

真空中的光速＝2 億 9979 萬 2458 m/s

這個定義值意味著，即便長度的測量精準度有所提升，光速的數值始終保持不變。相對地，人們改變長度的定義方式，定義為 1 m ＝光在真空中 2 億 9979 萬 2458 分之 1 秒之間的移動距離。

●以光速為單位的速度

速度的單位通常是 m/s。然而，在接近光速運動的基本粒子、宇宙天文現象中，使用 m/s 的單位常常須要處理較大的數值。為了簡化計算，人們假設速度為 v、光速為 c，並引入 β 如下表示：

以光速為單位的速度　$\beta = \dfrac{v}{c}$

速度 v 和光速 c 的單位皆為 m/s，故 β 沒有單位（無因次）。

●在水中可能發生「超光速」

在「真空中」的前提下，任何粒子、物體的速度皆無法超越光速。換句話說，光在物質中（介質中）的速度會比真空中還要慢，如水中的光速約為 22.5 萬 km/s。因此，在水中高速移動的帶電粒子，可能發生「超光速」的現象。這種「超光速」帶電粒子，會發出一種稱為「契忍可夫光（Cherenkov light）」的藍白光。

20 測量與星體的距離

單位：au、ly

老師

我們來談點延伸的內容吧。在身邊周遭的世界中，通常使用公尺、公里測量長度。但是，星體位於非常遙遠的地方，以公尺描述與星體的距離並不理想。因此，人們改用天文單位或者光年來衡量。

明里

光年是指光在一年中移動的距離吧。

星斗

我也有聽過天文單位。

老師

另外，還有一個難以理解的單位叫做秒差距（parsec）[29]。

Hoshito's Note

1 au（天文單位）[30] $= 1.49597 \times 10^{11}$ m

1 ly（光年）[31] $= 9.46 \times 10^{15}$ m

1 pc（秒差距）[32] $= 3.26$ 光年 $= 3.09 \times 10^{16}$ m

1 Mpc（百萬秒差距）$= 10^{6}$ pc

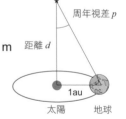

---

[29]：秒差距是於天文觀測的專用單位，可能有些（相當）難以理解。首先，周年視差（annual parallax）是從地球公轉軌道半徑（1 au）觀測遠方星體時的角度，而 1 秒差距（pc）定義為周年視差角度約 1″（＝ 1 秒角＝ 1/3600°）時的天體距離。由於距離愈遠觀測角度愈小，故秒差距與周年視差成反比關係。例如，若周年視差為 0.2″，可簡單地計算出對應的距離為 5 pc。

[30]：單位符號 au 取自天文單位（astronomical unit）的英文字首。

[31]：單位符號 ly 取自光年（light year）的英文字首。

[32]：單位符號 pc 是秒差距（parsec）的縮寫，而 parsec 是視差（parallax）和秒角（second）的組合詞。

●以天文單位測量太陽系天體

天文單位（astronomical unit）、光年（light year）等，是適用天體間距離的單位。

首先，天文單位：au 是太陽與地球的平均距離：

$$1 \text{天文單位}（1 \text{ au}）= 1.49597 \times 10^{11} \text{ m}$$

對於太陽系的浩瀚尺度，天文單位非常便利。

舉例來說，相較於描述冥王星的公轉半徑為 6×10^{12} m，表達成約 40 au 更容易想像太陽系的大小。

●以光年、秒差距測量星體間的距離

在宇宙空間中，即便是天文單位也不適合，比較常用光須要花多少年才能到達的距離單位光年：ly：

$$1 \text{光年} = \text{光速} \times 1 \text{年} = 9.46 \times 10^{15} \text{ m}$$

（記住大約是 1 au 的 10 萬倍）

舉例來說，除了太陽之外，距離地球最近的恆星半人馬座 α 星約為 4.3 光年；銀河系的直徑約為 10 萬光年；而鄰近的仙女座星系 M13 與我們相距約 230 萬光年。

●嘗試計算地球的公轉速度

移項旋轉週期的公式後，可得到 $V = 2\pi r/T$。其中，地球繞太陽的公轉半徑 r 為 1 au、週期 T 為 1 年，故計算如下：

$$V = \frac{2\pi r}{T} = \frac{2\pi \times 1\text{au}}{1\text{yr}} = \frac{2\pi \times 1.50 \times 10^{11}\text{m}}{3.16 \times 10^{7}\text{s}} = 29.8\text{km/s}$$

（注意這邊採用太陽日，一年的秒數會與 33 頁不同）[* 33]。

---

* 33：地球的公轉速度比後面計算的脫離速度（Escape Velocity）更快。宇宙空間中存在形成流星的微隕石時，若地球本身沒有運轉，微隕石會受到地球的重力吸引，以接近脫離速度垂直下落。然而，地球實際上會以公轉速度運轉，所以與其說微隕石受到重力吸引而落下，不如說是斜向衝入大氣層形成流星。

㉑ 由路徑長計算推估宇宙的年齡

公式：哈伯－勒梅特定律

老師
說到天文世界，我們來談談宇宙的年齡吧。

明里
這跟前面學的單位、公式有關係嗎？

老師
關係可大了。你們有聽過宇宙膨脹這個概念嗎？

星斗
我記得……宇宙約在 140 億年前誕生，並且不斷地膨脹。

老師
沒錯。那麼，為什麼知道宇宙誕生於 140 億年前呢？

明里、星斗
……

老師
我們已經曉得宇宙正在膨脹，只要再知道膨脹速度和與天體的距離，就可以計算出來。這其實跟路徑長的問題類似。

Hoshito's Note

r：與銀河的距離

v：銀河的遠離速度

H：哈伯常數＝約 70 km/s/Mpc ＝約 70 km/s/326 萬光年

1 百萬秒差距（Mpc）＝ 10^6 pc ＝ 326 萬光年

$$哈伯－勒梅特定律 \quad v = Hr$$

●哈伯－勒梅特定律與宇宙膨脹

通過分析來自遙遠銀河的光，可發現大部分的星系都逐漸遠離銀河系，而且距離愈遠的星系遠離速度愈快。如今，這項觀測事實被稱為哈伯－勒梅特定律（Hubble-Lemaître law）[34]，意味著宇宙整體明顯正在膨脹。

假設與星系的距離為 r、遠離速度為 v，則此定律的公式如下：

$$v = Hr、H = 約\,70km/s/Mpc$$

其中，比例常數 H 被稱為哈伯常數。

●由哈伯常數的倒數可推知宇宙的年齡

回想一下計算路徑長的計算公式，以速度 v 移動距離 r 的所需時間 t 可表示為 $t = r/v$。對宇宙套用同樣的公式，可得到一個與星系距離無關的數值：

$$t = \frac{r}{v} = \frac{1}{H}$$

換句話說，從宇宙的中心起源開始膨脹，移動速度較慢的星系僅抵達附近的位置，而移動速度較快的星系則抵達更遙遠的地方，構成了現今宇宙的樣貌。根據哈伯常數的倒數，我們能夠推斷出宇宙的年齡。

●嘗試計算宇宙的年齡

實際將哈伯常數代入公式，可得到：

$$t = \frac{r}{v} = \frac{1}{H} = \frac{1}{\frac{70km}{s \cdot Mpc}} = \frac{s \cdot Mpc}{70km} = \boxed{1yr=3.16 \times 10^7 s}$$

$$\frac{3.26 \times 10^6 \times 9.46 \times 10^{15}m \cdot s}{70000m} = 4.41 \times 10^{17}\,s = 1.39 \times 10^{10}\,yr$$

計算結果確實約為 140 億年。

---

[34]：愛德溫・哈伯（Edwin Hubble）於 1929 年發表，此觀測事實長久以來被稱為哈伯定律。然而，喬治・勒梅特（Georges Lemaître）也是率先投入研究的其中一人，故最近又被稱為哈伯－勒梅特定律。

由旬與劫

佛教用語中的 1 由旬是古印度的長度單位，定義為牛車在一天中移動的距離：

1 由旬＝約 7 公里

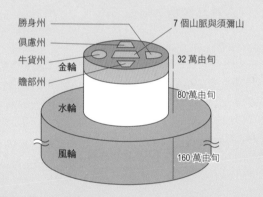

勝身州
俱盧州
牛貨州　金輪
贍部州

7 個山脈與須彌山

32 萬由旬

80 萬由旬

水輪

風輪

160 萬由旬

根據世親（Vasubandhu）於 5 世紀左右編寫的佛教經典《俱舍論》中提到，虛空中漂浮著名為風輪的圓柱體。風輪的高有 160 萬由旬（＝ 0.075 天文單位），周長則有無數由旬（10^{59} 由旬），極為浩瀚無垠。

風輪上方存在著圓柱狀的水輪和金輪，水輪的高有 80 萬由旬（＝ 560 萬公里＝ 8 個太陽半徑），金輪的高有 32 萬由旬（＝ 224 萬公里＝ 3.2 個太陽半徑），而它們的直徑都是 120 萬 3450 由旬（＝ 842 萬公里＝ 12 個太陽半徑）。

在金輪的上方是我們居住的地表世界，最外圍是由鐵構成的鐵圍山，內部廣布著圓柱狀的大海，正中間存在著須彌大陸，東西南北分布著 4 塊大陸。東方的勝身州為半月形，南方的贍部州為梯形，西方的牛貨州為圓形，北方的俱盧州為正方形，人類居住在南方的贍部

州（梯形形狀可能是指印度次大陸？）。

在正中間的須彌山大陸聳立於七重山脈之間。據說，須彌山的地表部分高度有 8 萬由旬（＝ 56 萬公里＝ 0.8 個太陽半徑），而海面下也具有相同的厚度（這可能是指大陸板塊的地殼均衡）。須彌山由金銀、琉璃（金綠寶石）和玻璃（水晶）所組成，其半山腰有太陽、月亮圍繞運行，天空經由玻璃材質的南面反射（從南方的贍部州觀測）而呈現藍色。須彌山的半山腰居住著四天王，山頂上則居住著帝釋天、三十三天。

須彌山上方 8 萬由旬處是夜摩天居住的夜摩天界，上方 16 萬由旬處是兜率天居住的兜率天界，上方 32 萬由旬處是樂變化天居住的樂變化天界，上方 64 萬由旬處是他化自在天居住的他化自在天界。

從地表（贍部州）和地底的地獄、餓鬼界，到他化自在天界全部稱為欲界。在欲界上方，以幾何級數增加的高度，存在著有形物質世界的色界、精神世界的無色界。欲界、色界、無色界統稱為三界。在凌駕於三界之上，據說還有佛教世界的佛界。

這樣的階層世界觀感覺相當複雜。

在長時間單位方面，人們會使用「eon、aeon」來表示時間單位，該詞取自希臘文年月、永遠的「aion」，eon ／ aeon 皆意味著永恆、無窮。若套用到有限的時間長度，可表示為：

　　1 eon ＝ 10 億年

順便一提，「eon」沒有固定的譯法，可考慮將其翻譯為「慧遠」。

佛教用語中的劫（ko）是更長的時間單位，該詞音譯自梵文的「kalpa」，意為非常長的時間。一般來說，該時間長度為：

　　1 劫＝ 43 億 2000 萬年

釋迦佛入滅後經過 56 億 7000 萬年，大約相當於 1.3 劫之後，彌勒才降臨世間救濟眾生。

　　順便一提，佛教用語中最短的時間單位是剎那。

1 晝夜＝ 30 須臾

1 須臾＝ 30 臘縛

1 臘縛＝ 60 怛剎那

1 怛剎那 =120 剎那

試著將剎那換算成秒，如下：

1 剎那＝ 1/75 秒＝ 0.013 秒

1 剎那比想像中的還要長。

第 3 章

利用單位
推導公式

一質量、力、能量

本章將以質量、力、能量等基本物理量為中心,介紹其單位與各種公式之間的關係。1 貫、1 斤是日常生活中使用的單位。相較於長度的公尺、時間的秒,我們可能不太熟悉作用力單位的牛頓、能量單位的焦耳,故後面的講解會舉出具體的例子。此外,本章還首次正式提及如何由公式(萬有引力定律)推導常數(萬有引力常數)的單位。後面的章節中會多次使用這個方法,請先在這習慣怎麼推導。雖然推導地表重力加速度等的式子變形可能稍微複雜,但還請努力跟著學習。

1根牙籤有多少公克？

單位：**kg、g**

星斗

最近，為了健康管理，我每天早上都會測量體重。

明里

我都是洗完澡時測量。老師呢？

老師

我……不太想要知道自己的體重。對了，你們覺得家裡的體重計能夠量1根牙籤的重量嗎？

明里

啊，老師岔開話題了。

老師

我們也可測量汽車的重量喔。雖然需要一點技巧……

Hoshito's Note

1 g（公克）*1 = 0.001 kg

1 kg（公斤）= 3.98℃時1公升的水質量

1 kg（公斤）=（目前定義）使用普朗克常數

1 t（公噸）= 1000 kg

1 貫*2 =約3.75 kg

1 斤*3 = 4/25 貫=約600公克

---

*1：公克（gram）取自希臘文的「gramma（文字、較小的重量）」，先轉變成法文的「gramme」再演變成英文的「gram」。由該詞的語源可知，它與 grammer（文法）是同源詞。

*2：就像日文中「裸一貫（一無所有）」的説法，剛出生的嬰兒大約重一貫。

*3：在明治時期，日本引進了英國的麵包，將1磅（約450公克）的麵包重量稱為1英斤。如今，日本人仍會將1塊麵包的重量稱為1斤。

●公斤的定義也與時俱進

在國際單位制 SI 中，質量的基本單位是公斤：kg（kilogram）。

訂定公尺制的當時，人們以 1 公升的水重為 1 公斤[*4]。更準確來說，是以水的最高密度，將 3.98℃時 1 公升的純水質量定義為 1 公斤。根據這個質量製作公斤的鉑銥合金原器，就像公尺原器一樣，長期以來當作公斤的標準。

近年，人們開始議論質量單位也應該基於自然界，在 2018 年的國際度量衡大會上提出新定義，並於 2019 年 5 月正式生效。現在的公斤定義是以普朗克常數[*5]為基準，根據這個值定義質量單位。

$$普朗克常數 \, h = 6.62607015 \times 10^{-34} \, \text{Js}$$

換句話說，人們先制定了秒（s），再由普朗克常數決定能量單位的焦耳（J）。然後，利用質量（m）和能量（E）的守恆性「$E = mc^2$」，來定義質量單位[*6]。

●如何測量極輕、極重的物體

各位或許已經猜到了吧。舉例來說，準備 100 包 1000 根裝的牙籤，就可以用家庭體重計測得大約 25 公斤。相反地，只要將汽車拆開成各項部件，就能夠先測量各項重量再加總起來。

老師
人類的細胞據說多達 60 兆個，我們也來計算 1 個細胞的質量吧。1 貫這個單位留到後面再來談。

＊4：1 公升曾經被定義為 1 公斤的水體積。哎？是哪個單位先被定義？其實，在 1901 年的第三次國際度量衡大會上，人們將 1 公升定義為 1 公斤的純水體積。然而，由於哪個單位先被定義等諸多問題，故於 1964 年的國際度量衡大會上，重新將 1 公升定義為 1000 立方公分。

＊5：在量子論等微觀世界中使用的自然常數。本書建議讀者可將其理解為跟光速一樣是存在於自然界的常數。

＊6：雖然一個接著一個地定義單位可能讓人覺得麻煩，但當代的科學技術文明就是如此要求嚴謹性。

23 鐵燃燒後會變重

公式：質量守恆定律

老師
對了，說到體重計，我帶小富（愛貓）去動物醫院預防接種時，意外發現診療台本身就是體重計。

明里
如果是一般的體重計，動物可能會掙脫亂動啊。

老師
唉！我在家裡偶爾也會測量小富的體重。

星斗
在家裡要怎麼測量？

老師
很簡單喔！先抱著小富測量一次，然後再自己測量一次，接著將兩次的數值相減就可以了。唯一的缺點是，這樣會知道不想知道的自己的體重。

Akari's Note

質量守恆定律
質量總和保持不變
鐵燃燒後的灰燼會變重 → 過程中增加了什麼？
4 個氫原子的質量小於 1 個氦原子的質量 → 過程中減少了什麼？

＊7：體積沒有守恆性。例如，1 公升的水和 1 公升的乙醇混合後，總體積僅有 1.94 公升。因為分子會嵌入彼此之間的縫隙，造成整體的體積稍微減少。
＊8：以氫原子的質量為基準的原子質量。

●質量總和保持不變

在測量牙籤、汽車、貓咪的重量時，背後有著默認的設定：質量不會任意增減，且整體的總質量等於部分質量的加總[*7]。

●鐵燃燒後會變重！？

在國中課程中，有一個實驗是「鐵（鋼絲絨）在空氣中燃燒後，形成的灰燼會比原先質量還重」。這是因為鐵與空氣中的氧結合成氧化鐵的緣故。

那麼，這裡來出個問題。已知 3.5 公克的鐵燃燒後會形成 5 公克的氧化鐵，假設鐵的原子量[*8]為 56、氧的原子量為 16，請問氧化鐵的化學式是什麼？

氧化鐵是由 3.5 公克的鐵和 1.5 公克（= 5 公克 − 3.5 公克）的氧所組成，可知鐵和氧的重量比為 3.5：1.5 = 2.333：1。調查鐵和氧組合時的重量比，得到：

鐵	1 個原子（56）			2 個原子（56×2）		
氧	1 個原子（16）	2 個原子（16×2）	3 個原子（16×3）	1 個原子（16）	2 個原子（16×2）	3 個原子（16×3）
重量比	56/16 = 3.5	56/32 = 1.75	56/48 無法形成化合物	112/16 = 7.0	112/32 = 3.5	112/48 = 2.333… OK

根據表格可知，對應的鐵氧比例為 2：3，故化學式是 Fe_2O_3。

明里
我對化學式沒有好印象。

老師
我也有 50 年沒有接觸了。現在回想起來，「質量守恆定律」真的是一個非常重要的自然法則。畢竟，我們並不知道質量的本質嘛。

24

似懂非懂的作用力單位

單位：**N、dyn**

老師

嗯……力是一個抽象的概念，你們試著舉幾個例子吧。

星斗

像是地球自身的重力（*G*）。

明里

像是電車出發時的加速力、不停旋轉時的離心力。

星斗

像是在水中向上浮起的浮力。

老師

其他還有很多例子＊9。這次的作用力單位……感覺沒有什麼概念。

Hoshito's Note

1 N（牛頓）＊10 ＝ 1 kg m s^{-2}（使 1 公斤的物體產生 1 m s^{-2} 加速度的力量）

1 dyn（達因）＊11 ＝ 1 g cm s^{-2}

1 N ＝ 10^5 dyn（達因）

地球的重力加速度（g）＝ 9.8 m s^{-2}

＊9：推壓牆壁時感受到的「反作用力」；彈簧秤的彈簧伸縮時的「彈力」；物體彼此摩擦時產生的「摩擦力」；糖漿等黏稠物體產生的「黏著力」（摩擦力的一種）；空氣阻力和水阻力。另外，氣壓、水壓等「壓力」也是力的一種，因為作用於物體表面，故又稱為「表面力」。

＊10：名稱取自牛頓（Sir Isaac Newton；1642～1727）。

＊11：dyn（dyne；達因）取自希臘文的「δύναμισ（dynamis；力量）」

● 1 牛頓有多大？

在國際單位制 SI 中，力的單位是牛頓：N（Newton）。

$$1N = 1kg\,m\,s^{-2} = 10^5\,dyn$$

雖然同樣是組合 SI 基本單位的導出單位（derived unit），但跟速度單位（m/s）等不同，牛頓有 N 這個獨立符號。

儘管如此，各位對 1 牛頓可能還是沒有什麼概念，故下面試著舉出具體例子：

使 1 公斤的物體產生 $1\,m/s^2$ 加速度的力量	1N
500 毫升瓶裝、罐裝啤酒的重量	約 5N
1 公斤物體所受到的地球重力	約 9.8N
體重 60 公斤的人所受到的地球重力	約 588N
汽車引擎的推進力	約 1×10^5 N
太空梭主引擎的推進力	約 2×10^6 N
1 庫侖電荷相隔 1 公尺之間的電磁力	約 9×10^9 N
地球與太陽之間的引力	約 4×10^{22} N

●體重 60 公斤的人所受到的地球重力

姑且不論表格最後幾個例子，手持 500 毫升瓶裝、罐裝啤酒時，約會感受到 5 牛頓的力量，這樣的例子可能更容易領會吧。

然後，由於地球的重力加速度為 $9.8\ m\ s^{-2}$，一位體重 60 公斤的人所受到的地球重力為：

$$60kg \times 9.8m\,s^{-2} = 60 \times 9.8kgms^{-2} = 588N$$

600 牛頓聽起來是相當強大的力量，不過反過來說，人類肌肉足以承受 600 牛頓左右的外力。各位不妨根據自己的體重試算一下。

● 1 達因有多大？

達因（dyn）也是力量的單位。

$$1dyn = 1g\ cm\ s^{-2}$$

它是 cgs 單位制的單位（參見附表 2）。

25

由單位來推導運動定律！？

公式：運動定律 **ma = F**

老師
你們知道作用力的單位嗎？

明里
作用力的單位是牛頓（*N*）。

星斗
以基本單位表示時是 kg m s^{-2}。

老師
沒錯。換句話說，若假設質量為 *m*［kg］、加速度為 *a*［m s^{-2}］、作用力為 *F*［N］，則質量的單位乘以加速度的單位會變成力的單位，故可說質量和加速度的乘積是作用力。不過，這樣的推論可能有點過於粗暴。

Akari's Note

m：質量 * 12
a：加速度 * 13
F：作用力 * 14
牛頓第二運動定律（運動定律）

$$a = \frac{F}{m} \quad 或者 \quad ma = F$$

---

* 12：質量的變數通常使用「mass」的字首。
* 13：加速度的變數通常使用「acceleration」的字首。
* 14：作用力的變數通常使用「force」的字首。
* 15：運動定律也可如下解讀：
　　・當質量 m 的粒子承受作用力 F，產生的加速度為 a。
　　・使質量 m 的粒子產生加速度 a 的作用力為 F。
　　・若施加作用力 F 時產生加速度 a，則粒子的質量為 m。

●先發現運動定律

身邊常見的作用力具有以下共通點：①能夠使物體移動、②能夠支撐物體、③能夠改變物體的運動狀態。若將靜止狀態視為一種運動，則作用力是指維持或者改變物體運動狀態的力量。歸納整理後，可得到下述運動定律：

第二運動定律（運動定律）

對質量為 m 的物體施加作用力 F，會往力的方向產生加速度 a。加速度的大小與作用力的大小成正比，並與質量成反比。

雖然文字敘述顯得冗長，但其數學式非常單純[*15]。

$$a = \frac{F}{m} \quad \text{或者} \quad ma = F$$

人們是先發現運動定律，才將質量單位和加速度單位的乘積定為牛頓，當作作用力的單位。

順便一提，作用力除以質量得到的是平均單位質量的受力。由於這樣計算會等於加速度，故我們也可稱加速度＝平均單位質量的受力。

●運動定律的意義

物體本身的質量、在空間中的加速度以及施加於物體的外力，這三者是完全不一樣的物理量。第二運動定律厲害之處，就在於將這些不同的量相互聯繫起來。第二運動定律是將物體放入名為空間的容器中，再根據外力決定物體的運動狀態。

由於空間和物體是不可分割的，故物體在空間中的運動會受到外部作用的影響。第二運動定律描述了這個自然界深奧的規則。

26 萬有引力常數的單位

常數：萬有引力常數、公式：萬有引力定律

老師
作用力的具體例子，果然要舉萬有引力。

明里
作用於兩個質量之間的萬有引力與質量乘積成正比，並與距離的平方成反比！

星斗
天文學是明里擅長的領域吧。

明里
那還用說。然後，比例常數是萬有引力常數。

老師
那麼，妳記得萬有引力常數的單位嗎？

明里
我記得是……

老師
不須要硬背，我們可以由公式來推導。

Akari's Note

M：物體 1 的質量
m：物體 2 的質量
r：物體 1 和物體 2 的重心距離
G：萬有引力常數[16]（$= 6.67 \times 10^{-11}$ N m^2 kg^{-2}）
萬有引力定律：

$$F = -G\frac{Mm}{r^2}$$

---

[16]：變數符號使用重力常數（gravitational constant）的英文字首。

●萬有引力定律

作用於任何具有質量的物體之間的引力，稱為萬有引力[* 17]。在天文學中，這種現象也可稱為重力。

兩物體之間的萬有引力（重力）F，與物體質量（M 和 m）的乘積成正比，並與物體間距離 r 的平方成反比。這稱為（牛頓的）萬有引力定律[* 18]。其中，比例常數 G 不受物體種類的影響，是宇宙任何地方都通用的普遍常數，稱為萬有引力常數（gravitational constant）。

使用數學式描述以上內容時，可添加負號來表示引力：

$$F = -G\,\frac{Mm}{r^2}$$

僅由數學式就能夠簡潔表達想要描述的文字內容。

●萬有引力常數的單位

已知距離單位為 m、質量單位為 kg、力的單位為 N，由萬有引力的公式可立即推導其常數的單位：

$$G = -F\,\frac{r^2}{Mm} \quad 亦即\,G的單位 = [\,G\,] = N\,m^2\,kg^{-2}$$

根據實驗得知，萬有引力的具體數值為：

$$G = 6.67 \times 10^{-11} N m^2\,kg^{-2}$$

明里
原來如此，公式也可用來推導單位啊。

老師
萬有引力常數不僅數值難記，單位也相當複雜。我以前也經常這樣推導，公式是非常方便的密技。

---

* 17：英文「universal gravitation」可直譯為「普遍重力」，不過萬有引力是更出色的意譯。
* 18：萬有引力定律發現於 1665 年。

27 由萬有引力推導地表的重力加速度 (g)

公式：地表的重力加速度 g

老師
地表的重力加速度（g）為 $9.8\,\mathrm{m\,s^{-2}}$。我們可以使用萬有引力定律，簡單算出這個數值。

星斗
$F = -GMm/r^2$ 哪裡有重力加速度？

老師
加速度是平均單位質量的受力，那麼重力加速度是？

明里
$g = F/m = -GM/r^2$ 嘛。

老師
沒錯。不過，我們可省略表示引力的負號。

明里
那麼就變成 $g = F/m = GM/r^2$。

老師
為了方便後續的推導，我們須要事先查詢地球的質量和半徑，以及萬有引力常數的數值。

Hoshito's Note

地球的質量　$M = 6.0 \times 10^{24}\,\mathrm{kg}$

地球的半徑　$R = 6.4 \times 10^{6}\,\mathrm{m}$

萬有引力常數　$G = 6.67 \times 10^{-11}\,\mathrm{Nm^2\,kg^{-2}}$

地表的重力加速度　$g = 9.8\,\mathrm{ms^{-2}}$

●由地球的質量和半徑計算重力加速度

萬有引力是作用於物體之間的引力，它存在於宇宙、地表各個地方。然而，萬有引力公式 $F = - GMm/r^2$ 和地表的重力加速度 $g = 9.8\,\mathrm{m\,s^{-2}}$，數學式感覺相差非常多。

那麼，我們來討論它們之間的關係吧。

首先來看地表的情況，將公式中的質量 M 替換成地球的質量，另一個質量 m 可替換成人類或者椅子。由於這是地表的情況，半徑 r 相當於地球的半徑。

然後，由於重力加速度是加速度的一種，我們可將萬有引力公式的左邊除以質量 m，轉換成平均單位質量的受力（加速度）：

$$g = \frac{F}{m} = \frac{GM}{r^2}$$

換句話說，質量 m 可替換成任何物體的質量。另外，由於僅須要計算數值，故可省略表示引力的負號。

最後，為了得到具體的數值，將 G 代入萬有引力常數、M 代入地球的質量、R 代入地球的半徑，如下計算：

$$\frac{GM}{R^2} = \frac{6.67\times10^{-11}\,\mathrm{N\,m^2\,kg^{-2}}\times6.0\times10^{24}\,\mathrm{kg}}{(6.4\times10^{6}\mathrm{m})^2}$$

$$= \frac{6.7\times6.0\times10^{-11}\times10^{24}\times\mathrm{N\,m^2\,kg^{-2}\,kg}}{6.4^2\times10^{12}\times\mathrm{m^2}}$$

$$= \frac{40.2\times10^{13}}{40.96\times10^{12}} \times \frac{\mathrm{kg\,m\,s^{-2}\,m^2\,kg^{-2}\,kg}}{\mathrm{m^2}} = 9.8\times\mathrm{m\,s^{-2}}$$

明里

原來如此，地球的重力加速度是，平均單位質量在地表所受到的重力。

老師

就是這麼回事。而且，若只討論地球表面附近的情況，重力加速度幾乎可視為固定的數值。

28 計算離心力與地球的公轉速度

公式：離心力、平均單位質量的離心力（離心力加速度）

老師.
我們前面有計算圓周運動的加速度。

明里
就是 V^2/r。

老師
那麼，伴隨圓周運動往外拋的離心力呢？

星斗
因為加速度是平均單位質量的受力，所以加速度乘以質量會變成作用力，離心力是 mV^2/r。

老師
沒錯。前面已經談過萬有引力，接著討論萬有引力和離心力平衡的旋轉運動吧。例如，我們可以計算地球繞太陽外圍的公轉速度。

Hoshito's Note

太陽的質量　$M = 2.00 \times 10^{30}$ kg
地球軌道的半徑　$r = 1.50 \times 10^{11}$ m
萬有引力常數　$G = 6.67 \times 10^{-11}$ Nm^{2}kg^{-2}

Akari's Note

V 公轉速度

$$V = \sqrt{\frac{GM}{r}}$$

＊19：理所當然地，計算結果與第 2 章第 20 節的數值相同。

●離心力與公轉速度

在半徑 r 的圓周軌道上，以速度 V 做圓周運動的物體，其加速度（旋轉運動的加速度）為 V^2/r。假設物體的質量為 m，則伴隨圓周運動向外拋的離心力，等於加速度乘以質量：

$$\frac{mV^2}{r}$$

由於質量 M 的天體的萬有引力與離心力平衡，可知

$$\frac{GMm}{r^2} = \frac{mV^2}{r}$$

移項數學式後，可得到公轉速度：

$$\frac{GM}{r^2} = \frac{V^2}{r}$$

$$\frac{GM}{r} = V^2$$

$$V = \sqrt{\frac{GM}{r}}$$

●嘗試計算地球的公轉速度

將 G 代入萬有引力常數的數值、M 代入太陽的質量、r 代入地球的軌道半徑，可以算出地球繞太陽運行的公轉速度：

$$V = \sqrt{\frac{GM}{r}} = \sqrt{\frac{6.67 \times 10^{-11}\,\mathrm{N\,m^2\,kg^{-2}} \times 2.00 \times 10^{30}\,\mathrm{kg}}{1.50 \times 10^{11}\,\mathrm{m}}}$$

$$= \sqrt{\frac{6.67 \times 2.00 \times 10^{19} \times \mathrm{kg\,m\,s^{-2}\,m^2\,kg^{-2}\,kg}}{1.50 \times 10^{11} \times \mathrm{m}}} = \sqrt{8.89 \times 10^{8} \times \mathrm{m^2\,s^{-2}}}$$

$$= 2.98 \times 10^{4}\,\mathrm{ms^{-1}}$$

地球繞太陽運行的公轉速度為 29.8 km s^{-1} [* 19]。

29 各式各樣的能量僅有1種單位

單位：J、erg

老師
接著，你們知道有哪些能量嗎？

星斗
以前有學過動能、位能。

明里
也有學過光能和熱能。

星斗
其他還有學過電能、磁能。

老師
雖然統稱為能量，但其實有各式各樣的種類。然而，總體而言，無論是哪一種能量，都屬於相同的物理量，所以也僅需要1種單位。

Hoshito's Note

1 J（焦耳）[20] $= 1$ Nm $= 1$ kg m^2 s^{-2}（以1牛頓的作用力移動1公尺時所需的能量）

1 erg（爾格）[21] $= 1$ dyn cm $= 1$ g cm^2 s^{-2}

1 J $= 10^7$ erg（爾格）

1 eV（電子伏特）＝以1伏特電位差加速1個電子時電子獲得的動能

$$1\,\text{eV} = 1.602 \times 10^{-19}\,\text{J}$$

※ 20：「joule」取自英國物理學家焦耳（James Joule；1818～1889）。

※ 21：「erg（爾格）」取自拉丁文「ἔργον ＝ ergon（作用力、功、活力）」。

● 1 焦耳有多大？

在國際單位制 SI 中，能量的單位是焦耳：J（joule）。

$$1J = 1kgm^2 s^{-2} = 10^7 erg$$

焦耳是一種導出單位，但它具有獨立符號 J。

1 焦耳的定義是，以 1 牛頓的作用力向力的方向移動 1 公尺時所需的能量。下面舉一些具體例子來幫助理解：

以 1 牛頓的作用力向力的方向移動 1 公尺時所需的能量	1J
以 1 伏特的電位差搬運 1 庫侖電荷時獲得的能量	1J
100 瓦的燈泡在 1 秒鐘內所放射的能量	100J
氫燃燒（水 1 莫耳）	284J
1 公噸的 TNT 炸藥	$4.2 \times 10^9 J$
雷擊	$10^{10} J$
火山爆發（日本淺間山 1938 年）	$10^{15} J$
地震規模 8 級的地震	$10^{17} J$
新星爆發	$10^{36} J$
超新星爆炸	$10^{44} J$

●體重 60 公斤的人攀爬至 10 公尺高時所需的能量

體重 60 公斤的人承受的地球重力約為 600 牛頓[*22]。當這個人違反重力，撐高身體 1 公尺所需的能量約為 600 焦耳。換句話說，他攀爬至 10 公尺的高度需要 6000 焦耳的能量。

老師
我們平常使用的能量單位是卡路里：cal。
換算公式為 1 卡路里約等於 4.2 焦耳。

[*22]：雖然水平移動、靜止站立也需要能量，但實際上是消耗體內的化學能量，並非這邊所討論的物理能量。

30 將能量表達為作功的公式

公式：作功、功率

老師
我們試著將能量的基本定義轉為公式。

星斗
1 焦耳的定義是以 1 牛頓的作用力移動 1 公尺時所需的能量。

老師
嘗試一般化這個定義，假設作用力為 F、移動的距離為 x、所需的能量為 y，則數學公式應該是什麼呢？

明里
我想應該是 $F \times x = y$。

老師
非常棒！不過，公式寫成 $y = F \times x$ 會更漂亮。y 在這裡也可表示為作功。

星斗
對了，我記得還有功率這個概念。

老師
沒錯！「功率」是指每秒所作的功。

Akari's Note

作功的公式 [23]　　$Y[J] = F[N] \times x[m]$

1 W（瓦特）[24] = 1 J/s（平均單位時間的作功）

功率的公式 [25]　　$P[W] = Y[J]/T[s]$

---

[23]：作功（work）的變數通常表示為 W，而功率的單位同樣也是 W（瓦特）。雖然前者使用斜體，後者使用正體，但為了避免混淆，本書中會使用變數 Y 來代替。

[24]：功率的單位 W（watt；瓦特）取自詹姆士・瓦特（James Watt；1736～1819）。

●作功的公式

1 焦耳是以 1 牛頓的作用力移動 1 公尺時所需的能量，假設作用力為 F、移動的距離為 x、所需的能量為 Y，則一般化後的公式如下：

$$Y = F \times x$$

此時的能量 Y 通常也稱為作功（work），故這個式子也稱為作功的公式。明確標示單位後，或許可以幫助我們更容易理解[*26]：

$$Y[\,J\,] = F[\,N\,] \times x[\,m\,]$$

●與功率的差別

作功容易與功率（power）產生混淆，後者表示每秒（平均單位時間）所作的功。

在國際單位制 SI 中，功率的單位是瓦特：W（watt）。

$$1W = 1J/S = 1kgm^2\,s^{-3}$$

它是一個導出單位，但本身擁有獨立符號 W。

實際上，在日常生活中，瓦特比焦耳更為常見，比如 100 瓦特的插座、400 瓦特的燈泡等。另外，後面將討論的電力、光度等測量單位也是瓦特。

●功率的公式

$$P[\,W\,] = Y[\,J\,] / T[\,s\,]$$
$$Y[\,J\,] = P[\,W\,] \times T[\,s\,]$$

由後者的表達方式可知，一個 100 瓦特的燈泡每秒所放射的能量為 100 焦耳。

＊ 25：功率（power）變數使用英文字首的「P」。雖然「power」通常會直接理解為力量，但在這邊比較接近電力等的能量。

＊ 26：當表達為具體數值，比如 100 瓦特燈泡等，須要標示單位才曉得數值的意義。然而，當表達為變數，比如假設燈泡的光度為 Y 等，通常可不標示單位。欲明確標示單位的時候，可使用方括號 [　] 來區隔單位和變數，比如 Y[W] 等。

為何動能的公式會出現 1/2？

公式：動能

明里
說到能量的公式，以前有學過動能的公式。

星斗
我記得是 1/2mv^2。

老師
這個公式有符合能量單位嗎？

星斗
質量的單位為 kg、v^2 的單位為 m²/s²，最後確實變為焦耳。

明里
不過，我一直有疑問為什麼會出現 1/2？

Akari's Note

m：質量
v：速度
K：動能 * 27

$$K = \frac{1}{2}mv^2$$

---

* 27：能量的變數大多使用 E，但動能（kinetic energy）的變數也可使用英文字首 K。

●動能的單位

動能（kinetic energy）是運動中物體所具有的潛在能量，假設物體的質量為 m、運動速度為 v，則動能的公式如下：

$$K = \frac{1}{2} mv^2$$

讓我們確認一下等式兩邊的單位。由於質量的單位為 kg、速度的單位為 m/s，故右邊的單位會是 kg（m/s）^{2} = kg m^{2}s^{-2}。另一方面，能量的單位是 1 J = 1 kg m^{2}s^{-2}，所以兩邊的單位相符。下面來舉一些具體例子：

體重 60 公斤的人以秒速 1 公尺行走時	30J
體重 4 公斤的貓以秒速 10 公尺奔跑時	200J
體重 60 公斤的運動員以秒速 10 公尺奔跑時	3000J

●為何會出現係數 1/2？

為什麼動能不是 mv^2 呢？為何公式的係數是 1/2 而不是 1/3、2 或者 3 呢？

公式大多數是直接列出數學式，不會詳細說明係數吧。但是，描述世界運作方式的公式（定律），其係數肯定具有意義。

然而，光有動能無法決定公式中的係數。舉例來說，物體在真空的宇宙空間運動時，我們甚至無法確定它是否正在運動。動能必須與其他因素連結起來，才能夠決定係數的值。

星斗

嗯？感覺有聽沒有懂。

老師

不用著急，後面會繼續討論（笑）。

32 位能與動能是相同的東西

公式：位能、動能

明里
嗯⋯⋯雖然很在意動能公式的係數，但也只能繼續討論位能的公式。

星斗
我記得是 mgh。

老師
位能的公式還有－ *GMm/r*。

明里
怎麼感覺像是萬有引力的公式。

老師
這個是重力位能的公式，它和 mgh 其實是相同的東西。

明里、星斗
？？？

Akari's Note

m：質量
g：重力加速度　　　　位能[28]　　　Φ　　Φ＝mgh
h：高度差
G：萬有引力常數
M：天體的質量　　　　重力位能[29]　　Ψ　　$\Psi = \dfrac{GMm}{r}$
r：與中心的距離

---

[28]：位能的變數通常使用 U，但本書中內能的變數也是 U，故這邊以 φ（phi）來代替。

[29]：重力位能的變數通常使用 U 或者 Ω，但與其他的變數重複，故這邊以 ψ（psi）來代替。

●位能與重力位能的公式

假設物體的質量為 m、動力加速度為 g、與地板（基準面）的高度差為 h，則物體位能 Φ 的公式如下：

$$\Phi = mgh$$

另一方面，若考慮距離擴展至天文尺度的情況，則與質量為 M 的天體中心相距 r 的物體，所具有的重力位能如下：

$$\Psi = -\frac{GMm}{r}$$

●嘗試由重力位能推導出位能公式

如同能夠直接由地球引力求得地表的重力加速度，我們也可由重力位能推導出位能公式。假設重力位能的基準點為地表（$r = R$），則由基準點測量的重力位能如下：

$$\Psi = -\frac{GMm}{r} + \frac{GMm}{R}$$

另外，與中心的距離半徑 r 等於 R 加上高度差 h，故數學式如下：

$$\Psi = -\frac{GMm}{R+h} + \frac{GMm}{R}$$

接著需要稍微困難的技巧。

將右邊的第 1 項乘以 $(R - h)/(R - h) = 1$，如下：

$$\Psi = -\frac{GMm}{R+h}\frac{R-h}{R-h} + \frac{GMm}{R} = -\frac{GMm}{R^2-h^2}(R-h) + \frac{GMm}{R}$$

相較於地球半徑 R，高度差 h 非常微小，故分母 $R^2 - h^2$ 相當於 R^2，可如下推導（使用 71 頁的 $GM/R^2 = g$）：

$$\Psi = -\frac{GMm}{R^2}(R-h) + \frac{GMm}{R} = -\frac{GMm}{R} + \frac{GMmh}{R^2} + \frac{GMm}{R}$$

$$= \frac{GM}{R^2}mh = mgh$$

33 動能與位能的總和維持不變

公式：力學能量守恆定律（之一）

老師
談完動能和位能之後，接著討論更深入的內容。

明里
要講能量守恆定律吧。

星斗
我記得是……動能和位能的總和維持不變。

老師
雖然單獨列舉方程式可能看不出來，但經過組合後可窺見世界的新真理。能量守恆就是具有代表性的例子。
現在，我們終於要來揭開「1/2」的謎題了。

Akari's Note

m：質量

v：速度

g：重力加速度

h：高度差

E：（力學的）能量總和

力學能量守恆定律（之一）

$$\frac{1}{2}mv^2 + mgh = E（固定值）$$

●力學的能量維持不變（守恆）

動能和位能兩者合稱為力學能量。搭乘遊樂園雲霄飛車的時候，車體在軌道山頂（位能最大）的速度最小（動能最小）；在軌道山谷（位能最小）的速度最大（動能最大）。

假設摩擦力、熱能散失等可忽略不計，則動能和位能的總和維持不變（亦即守恆）。力學能量守恆定律（之一）的公式（變數的意義如前所述）如下：

$$\frac{1}{2} mv^2 + mgh = E（固定值）$$

●揭開係數為「1/2」的謎題

這邊來討論雲霄飛車的例子。在軌道山谷的時候（速度為 v、高度差為 0），其力學能量是 $\frac{1}{2} mv^2 + 0$；而在軌道山頂的時候（速度為 0、高度差為 h），其力學能量是 $0 + mgh$。由於兩者總和維持不變，可得到速度和高度差之間的關係式：

$$\frac{1}{2} mv^2 = mgh \text{ 亦即 } \frac{1}{2} v^2 = gh$$

$$\text{移項後得到 } v = \sqrt{2gh}$$

根據實際測量的結果，這個關係式確實成立。係數 1/2 是為了與世界運作方式相符。

老師
換句話說，當動能與位能結合後，便能夠與世界建立聯繫，藉此確定符合大自然運作的係數。

34 嘗試計算天體的脫離速度

公式：力學能量守恆（之二）

老師
我們還知道另外一種位能吧。

明里
重力位能嘛。

星斗
動能和重力位能的總和也是維持不變嗎？

老師
是的。能量守恆在天文上仍舊成立，我們可藉此推導出天體的脫離速度。

Akari's Note

m：質量
v：速度
M：天體的質量
r：與中心的距離
E：（力學的）能量總和
力學能量守恆（之二）

$$\frac{1}{2}mv^2 - \frac{GMm}{r} = E \text{（定值）}$$

Hoshito's Note

地球的質量　$M = 5.98 \times 10^{24}\,\text{kg}$
地球的半徑　$R = 6.38 \times 10^{6}\,\text{m}$
萬有引力常數　$G = 6.67 \times 10^{-11}\,\text{N}\,\text{m}^2\,\text{kg}^{-2}$

●力學能量在天文上仍舊守恆

力學能量守恆在天文上仍舊成立。

力學能量守恆定律（之二）的公式（變數的意義如前所述）：

$$\frac{1}{2}mv^2 - \frac{GMm}{r} = E（固定值）$$

●求得天體的脫離速度

假設從質量為 M 的天體表面（$r = R$）以速度 v 向上發射物體，則該物體能夠抵達無限遠方（$r = \infty$）的條件為何？我們可參考前面的雲霄飛車例子，將天體表面視為軌道山谷（速度為 v、半徑為 R），其力學能量是 $\frac{1}{2}mv^2 - \frac{GMm}{R}$；將無限遠方視為軌道山頂（速度為 0、半徑為 ∞），其力學能量是 $0 + 0$。根據能量守恆定律，可得到：

$$\frac{1}{2}mv^2 - \frac{GMm}{R} = 0 \text{ 亦即、} \frac{1}{2}v^2 = \frac{GM}{R}$$

$$移項後得到 v = \sqrt{\frac{2GM}{R}}$$

這就是天體的脫離速度（escape velocity）。

●嘗試計算地球的脫離速度

試著代入地球的相關數值，可得到：

$$v = \sqrt{\frac{2 \times 6.67 \times 10^{-11} N m^2 kg^{-2} \times 5.98 \times 10^{24} kg}{6.38 \times 10^6 m}} = \sqrt{1.26 \times 10^8 m^2 s^{-2}}$$

$$= 1.12 \times 10^4 \frac{m}{s} = 11.2 \frac{km}{s}$$

地球的脫離速度為秒速 11.2 公里。

35 天文界只要以太陽為基準就很方便

單位：太陽質量

明里
這次要討論的是太陽質量吧！

老師
被妳猜到了。沒錯，這次要講的是太陽質量。聽起來既強大又帥氣吧。

明里
那還用說嗎？畢竟是太陽啊！

老師
順便一提，該單位的用法如下：36 個太陽質量的黑洞和 29 個太陽質量的黑洞融合，會形成 62 個太陽質量的黑洞，並釋放出 3 個太陽質量的重力波能量。

Hoshito's Note

太陽的質量　$M = 2.00 \times 10^{30} \, \text{kg}$

太陽質量 * 30　$M_\odot = 2.00 \times 10^{30} \, \text{kg}$

銀河系的質量＝約 10^{11} 個太陽質量

＊30：太陽質量（solar mass）的符號是，質量的 M 加上太陽的天文符號⊙。

●以太陽為基準來測量天體質量

國際單位制 SI 中的質量單位公斤，是以 1 公升的水質量等自然界物理量來制定。同樣地，長度單位的公尺也是以地球為基準。SI 單位是為了方便人類測量日常生活中的物理量所制定的。

然而，在討論超出身邊周遭的領域時，如微觀世界、天文界，SI 單位就顯得不是那麼的方便，所以會換成使用光年等其他單位。

$$太陽質量\, M_\odot = 2.00 \times 10^{30}\ kg$$

在測量天體質量時，人們會參考太陽的質量，使用太陽質量（solar mass）作為單位，符號記為 $M_\odot$ [31]。

由下面所舉的例子，可以清楚看出哪個單位更方便使用。

天體	質量（kg）[32]	質量（太陽質量）
太陽	2.00×10^{30}	1
天狼星	4.0×10^{30}	2.0
參宿四	3.6×10^{31}	約 18
球狀星團	2×10^{35}	約 10 萬
銀河系	2×10^{41}	約 10^{11} 個太陽質量

●太陽質量的用法

請在天文學上直接使用，如「約 8 個太陽質量的重星最後發生超新星爆炸」「銀河系中心有約 400 萬個太陽質量的黑洞」等。若使用 SI 單位的公斤來描述，這些數值將會大到難以理解吧。

＊ 31：最近發現許多太陽系外行星，人們也經常以木星質量 M_J 作為行星質量的單位。

＊ 32：除了太陽系內的天體外，天體的質量通常不會以公斤來表述。

36 再次來看黑洞的半徑

公式：史瓦西半徑

老師
我們也來用天體的脫離速度討論黑洞的半徑吧。還記得脫離速度的公式嗎？

星斗
當天體的質量為 M、半徑為 R、脫離速度為 v，公式是 $v = \sqrt{2GM/R}$。

老師
沒錯。然而，黑洞是連光都沒有辦法逃離的天體，我們該如何討論呢？

明里
我們可以討論脫離速度等於光速的情況。

老師
是的。假設脫離速度等於光速，再將公式移項還原成半徑的數學式。

Akari's Note

M：天體（黑洞）的質量
r_s：黑洞的史瓦西半徑

$$r_\mathrm{s} = \frac{2GM}{c^2}$$

Hoshito's Note

太陽質量　$M_\odot = 2.00 \times 10^{30}\,\mathrm{kg}$
萬有引力常數　$G = 6.67 \times 10^{-11}\,\mathrm{N\,m^2\,kg^{-2}}$

●嘗試計算黑洞的半徑

黑洞是連光都無法逃逸的時空扭曲。假設天體（黑洞）的脫離速度等於光速，雖然做法不甚嚴謹[*33]，但可藉此推估黑洞的半徑。

在脫離速度的公式中，令脫離速度等於光速 c，則：

$$v = c = \sqrt{\frac{2GM}{R}}$$

兩邊平方後，可立即得到：

$$c^2 = \frac{2GM}{R} \quad 亦即 \quad R = \frac{2GM}{c^2}$$

這就是黑洞的半徑，也稱為史瓦西半徑（Schwarzschild radius）。

●1 個太陽質量的黑洞半徑有多大？

將太陽質量、光速代入史瓦西半徑的公式，可算出半徑約 3 公里：

$$R = \frac{2 \times 6.67 \times 10^{11}\,\mathrm{N\,m^2\,kg^{-2}} \times 2.00 \times 10^{30}\,\mathrm{kg}}{(3.00 \times 10^8\,\mathrm{ms^{-1}})^2} = 3.0 \times 10^3\,\mathrm{m}$$

那麼，其他質量的情況會如何呢？這邊將半徑的公式做如下的變形：

$$R = \frac{2GM}{c^2}\frac{太陽質量}{太陽質量} = \frac{2G\,太陽質量}{c^2}\frac{M}{太陽質量} = 3\mathrm{km}\frac{M}{太陽質量}$$

如此一來，我們可立即求得不同太陽質量的黑洞半徑。

$$\frac{2G\,太陽質量}{c^2}\ 實際計算後可得到 3 公里$$

老師

將單位代入數學式是一種很有技巧性的做法。我在 40 年前第一次看到時，也是感到相當震撼。

33：要精確地計算黑洞半徑，須要使用廣義相對論。根據廣義相對論，當重力的影響微弱，我們可將其視為古典牛頓力學，再以近似的方式來探討黑洞。

尺貫制

正文中有稍微提到其他的單位制，這邊就來稍微整理在公尺制之前，日本使用的單位體系吧。由於長度以「尺」（兩手臂張開的長度）為單位，重量以「貫」為單位，故這個單位體系被稱為尺貫制。

●長度

1 里＝ 36 丁（町）＝約 3.9 公里

1 丁＝ 36 丈＝ 60 間＝約 109 公尺

1 丈＝ 10 尺＝約 3 公尺

1 間＝ 6 尺＝約 1.8 公尺

1 尺＝ 10 寸＝約 30 公分

1 寸＝ 10 分＝約 3 公分

1 分＝ 10 釐（厘）＝約 0.3 公分

●面積 * 34

1 坪＝約 3.3 平方公尺

●體積

1 石＝ 10 斗＝ 100 升＝約 180 公升

1 斗＝ 10 升＝約 18 公升

1 升＝ 10 合＝約 1.8 公升

1 合＝ 10 勺＝約 180 毫升

●質量

1 貫＝ 6.25 斤＝ 100 兩＝ 1000 錢（匁）
　　＝約 3.75 公斤

1 斤＝ 16 兩＝約 600 公克

1 兩＝ 10 錢＝約 37.5 公克

1 錢＝約 3.75 公克

不定時法

江戶時代採用的時間系統是將日出到日落分成 6 等分，日落到日出同樣也分成 6 等分，約每 2 個小時的間隔分別對應十二地支：子（約 23 點至 1 點）、丑（約 1 點至 3 點）、寅、卯、辰、巳、午、未、申、酉、戌、亥。在該時代，午時刻（約白天的 11 點至 13 點）的正中間稱為「正午」，而深夜 12 點稱為「正子」。其他還有「丑時三刻」，是指丑分成 4 等分的第 3 個時刻，亦即深夜 2 點到 2 點半。

＊ 34：田地面積使用的單位系統不同於尺貫制（1 丁＝ 10 反＝約 1 公頃；1 反＝ 10 畝＝約 10 公畝；1 畝＝ 30 步＝約 1 公畝；1 步＝約 3.3 平方公尺）。

第4章

低音Do
有幾赫茲？

─振動、波動、聲音、光

本章將討論有關振動、波動、聲音、光的單位和公式，內容涉及波的頻率、波長和速度的關係等，也會增加基本公式。雖然也有提到音速的公式，但更深入的內容會留到到第 6 章討論。利用公式計算在不同氣體中的音速相當有趣。另外，在「序言」也有提到，吉他的音階始終低 1 個八度音階，一開始真的不知該如何解決這個問題（笑）。著名的 $E = mc^2$ 的推導原本預計放在第 3 章，但後來決定放到光子能量之後討論。各位讀完第 3 章的讀者，不妨在閱讀本章之前先自行挑戰推導 $E = mc^2$。

已經有「每秒」為何還要有「赫茲」?

單位：Hz

明里
我聽說從日本關東地區搬家到關西地區，會無法使用帶過去的家電。

老師
關東地區的家用電源頻率為 50 赫茲，而關西地區為 60 赫茲，電源頻率不同可能造成家電發生故障。

明里
為什麼要用不一樣的電源頻率？

老師
據說是因為明治時代進口發電機時，關東地區採用了德國的 50 赫茲機組，關西地區採用了美國的 60 赫茲機組。明治維新是一個動盪的時代，各地在技術選擇上出現了差異。

星斗
話說回來，50 赫茲是交流電在 1 秒內轉換正負電壓 50 次。這和每秒改變 50 次不一樣嗎？

老師
意思是相同的。

明里、星斗
哎！那為什麼還要使用赫茲？

Hoshito's Note

1 Hz（赫茲）[1] ＝ 1 秒內的振動次數（頻率、振動頻率）

＊1：Hz（herz；赫茲）取自德國物理學家海因里希・赫茲（Heinrich Rudolf Hertz；1857～1894）。

●聲音、光、電力都可使用赫茲

在國際單位制 SI 中，頻率的單位是赫茲：Hz（herz）。

$$1Hz = 1s^{-1}$$

它跟「每秒」是相同意思的單位，也是最簡單的導出單位。

那麼，為何要特地引入一個跟「每秒」相同意思的導出單位呢？其實，原因其來自有。

同樣都是平均單位時間（每秒）所發生的現象，有些具有週期性而有些卻不具有週期性。舉例來說，音波、光（電磁波）、交流電等，是反覆發生的振動現象。而平均每秒的流動水量、平均單位時間的作功（功率）、平均單位時間的能量流動（光度）等，卻不是振動現象。於是，針對反覆發生的現象，人們另外使用赫茲作為單位，以便清楚表示具有週期性。

●赫茲單位

下面列舉一些頻率的具體例子：

音波	人類的聽覺頻率	20 ～ 1 萬 Hz
	蝙蝠的聽覺頻率	1000 ～ 12 萬 Hz
電磁波（電波）	長波（LF）	30 ～ 300kHz
	中波（MF）	300 ～ 3000kHz
	短波（HF）	3 ～ 30MHz
	超短波（VHF）	30 ～ 300MHz
CPU 時脈頻率	筆記型電腦	約 1 GHz
電磁波（可見光）	可見光	$4X10^{14}$ ～ $8X10^{14}$Hz

●以 SI 前置詞描述可見光的頻率

可見光頻率的位數龐大，試著以 SI 前置詞減少至 3 位數。

$$10^{14}\,Hz = 10^{11}\,kHz = 10^{8}\,MHz = 10^{5}\,GHz = 100THz$$

38 無所不在的波

公式：波速與週期

老師
看完頻率的單位赫茲後，接著來討論波的性質。

明里
比如，水波是橫波、音波是縱波嗎？

老師
我們要探討更基礎的內容。

星斗
波具有波長和頻率。

明里
對啊。波速是波長和頻率的乘積。

星斗
波還具有週期。

老師
這些就是波的基本性質。

Akari's Note

λ：波的波長 [*2]
v：波的頻率 [*3]
T：波的週期 [*4]
v：波的速度 [*5]

$$T = \frac{1}{v}$$

$$\lambda \times v = v$$

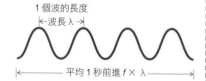

1 秒內產生的波數 f
1 個波的長度
←波長 λ→
平均 1 秒前進 $f \times \lambda$

---

*2：波長（wavelength）的變數會使用希臘字母「λ（lambda）」，該字母相當於「length」中的「l」。

*3：頻率（frequency）的變數會使用希臘字母「v（nu）」，該字母相當於「number」中「n」。有的時候也可使用「f」。

*4：週期（period）的變數通常使用 T、P。

●波的基本公式

在介質中發生的變動影響鄰近區域，不斷週期性地傳遞變動的現象，稱為波或者波動[*6]。兩波峰或者兩波谷的間隔，稱為波的波長：λ。波峰和波谷會反覆交替出現，以相同的形狀傳遞下去。而在 1 秒內通過的次數，稱為波的頻率：v（或者 f）。

在觀測同一點的波形時，由波峰變為波谷再轉為波峰所花費的時間，稱為波的週期：T。週期的數值會是頻率的倒數：

$$T[\text{s}] = \frac{1}{v[\text{Hz}]}$$

另外，波在 1 個週期前進 1 個波長，稱為波的速度：v。

$$v = \frac{\lambda}{T} = \lambda \times v$$

在這些基本公式中，等號兩邊的單位皆相符。

●波的型態

波可分為行進方向和位移方向平行的縱波（疏密波），與行進方向和位移方向垂直的橫波。

音波、地震波的 P 波屬於縱波，而波一面前進一面上下運動的水波屬於橫波。另外，光（電磁波）也是一種橫波。

明里
回頭想想，日常生活中到處都充滿聲音和光。就連泡澡時，也會產生水波。波真的是無所不在耶。

老師
如果日常生活中缺少了波，會像是失去音樂、影像的寂寥世界吧。

＊5：速度的變數符號眾多，一般會使用 v（velocity）來表示，但討論音速時會改用 a（acoustic）、c_s（絕熱的情況），討論光速時會改用 c（取自拉丁文的「celeritas」，意指快速；參見第 2 章第 19 節）。

＊6：光（電磁波）是由電場和磁場交互作用所產生的波，故也可在毫無介質的真空中傳遞。

39 空氣中的音速受溫度影響

公式：音速的公式

老師
你們知道空氣中的音速是多少嗎？

明里
秒速 340 公尺吧。

星斗
雖然想不太起來公式，但音速好像會受到溫度影響。

老師
是的。假設攝氏溫度為 t，高中應該學過音速 $= 331.5 + 0.6t$ m/s。

星斗
這樣說來，$t = 15℃$時的音速是 340 m/s。

老師
另外，吸入氦氣後，聲音會變高。

明里
意思是音速也會受到氣體種類影響嗎？

老師
正是如此。

Akari's Note

t：以攝氏單位測量的溫度
空氣中的音速 [*7] $= 331.5 + 0.6t$

---

*7：除了空氣中的情況，在常溫水中的音速為秒速 1500 公尺、在冰塊中的音速為秒速 3200 公尺。

●音速的公式是一條近似式

在高中的物理，我們有學過空氣中音速 V 的公式：

$$V = 331.5 + 0.6t$$

其中，t 是以攝氏單位測量的溫度。不過，這其實是一條近似式，當 t 非常大或者非常小就不成立。一般情況下，我們會假設空氣中的音速為 340 m/s。根據上述公式，可知這是 $t = 15℃$ 時的音速。

●氣體中的音速受到氣體種類與絕對溫度影響

氣體中的音速受到氣體種類與絕對溫度影響。絕對溫度的細節留到後面（第 6 章）講解，這邊僅討論不同氣體種類的情況。偶爾也來嘗試轉換單位以外的事情吧。

根據日本國立天文台發布的《理科年表》，下述表格的第 3 橫列是各種氣體在 0℃、1 大氣壓下的音速：

	氫	氦	氮	空氣	氧	氯
分子量 μ	2	4	28	29	32	70
音速 V [m/s]	1270	970	337	331.5	317	205
$V \times \mu$	2540	3880	9436	9612	10144	14350
$V \times \sqrt{\mu}$	1796	1940	1783	1784	1793	1715

由於氣體的粒子非常微小，決定氣體種類的差異是分子的質量而不是大小。我們試著將音速乘以與粒子質量成正比的分子量（氦使用原子量），得到的數值差異頗大（見第 4 橫列）。然而，若音速乘以分子量再開根號，得到的數值就會相差不多（見第 5 橫列）。

假設分子量為 μ、未知量為 X，則氣體中的音速 V 如下：

$$V = \frac{X}{\sqrt{\mu}}$$

由此可知，氣體的粒子愈重，音速愈慢。→接續第 6 章

40 突破音速後會發生什麼事情？

單位：**Mach**

明里
我前陣子看了電影《太空先鋒》（*The Right Stuff*）[8]，挑戰突破音速的查爾斯・葉格（Charles Yeager）太帥了。

老師
我也有看過那部電影。查爾斯・葉格是實際存在的人物，他不斷嘗試突破音速之牆。

星斗
唉？只有我沒看過？找個時間借來看。

老師
電影設定在 1947 年左右，當時人們認為飛機突破音速後，會撞上所謂的「音速之牆」而粉身碎骨。

明里
「音速之牆」實際上並不存在。但是，查爾斯・葉格還是好帥。

星斗
好啦，很帥啦。不過，速度達到音速後，單位會使用馬赫（Mach）吧。

老師
是的。馬赫是稍微有些特殊的單位。

Hoshito's Note

Mach（馬赫）[9] ＝以音速為單位的物體速度
有些描述速度的情況，使用音速作為基準會比較方便。

＊8：1983 年的電影，內容描述 NASA 有人宇宙飛行計劃。

98

●形形色色的單位

在日常生活中，我們通常使用 SI 單位、慣用單位進行測量。然而，在某些情況下，採用特定的單位會更為方便。例如，在天文學中，以太陽的質量（太陽質量）描述星體的質量比較清楚。

物體在空氣中的飛行速度，通常使用秒速、時速來表達，但有時也會以音速作為基準。將物體的速度除以音速，就可得到馬赫數（Mach number）。

●即便速度相同，馬赫數也會因高度而異

然而，空氣中的音速並非固定不變，它會受到溫度影響。隨著高度的提升，溫度也會跟著改變，導致音速因高度而不同。這意味著，即便以相同的速度飛行，馬赫數也會因高度而有所差異。此外，物體的速度是相對於空氣的速度，故順風、逆風也會影響馬赫數。

儘管馬赫數感覺相當複雜，但它是一個重要的單位。在空氣力學上，狀態會因小於音速（亞音速）或者大於音速（超音速）而迥然不同。例如，雖然「音速之牆」實際上並不存在，但超音速飛行的物體會產生衝擊波。

●車里雅賓斯克隕石的馬赫數有多少？

在 2013 年 2 月 15 日，一顆隕石落於俄羅斯車里雅賓斯克州（Chelyabinsk），它以超過秒速 15 公里的高速衝入大氣層，產生的衝擊波造成了大範圍的災害。該隕石落下的馬赫數如下：

$$15\,\mathrm{km/s} \div 340\,\mathrm{m/s} = 44$$

這確實是相當誇張的超音速。

＊9：單位「Mach」取自澳洲物理學家馬赫（Ernst Mach；1838～1916），他專攻氣體力學中的超音波、衝擊波。

潛藏於音調中的經驗法則

公式：巴哈的平均律

星斗

說到電影，《真善美》（*The Sound of Music*）也很好看。

明里、老師

我有看過！！

星斗

什麼嘛，你們也有看過啊。

明里

裡頭的《Do-Re-Mi》很有名，其他歌曲也好聽。

老師

Do-Re-Mi 所代表的音階是過去偉大的音樂家依照經驗制定的。不過從現代科學的角度來看，它也具備邏輯性。

明里

聲音形成和聲，我記得是因為頻率形成簡單的整數比。

老師

沒錯。舉例來說，低音 Do 和高音 Do 的頻率相差 2 倍，巧妙地切割兩者之間的音程就形成現今的音階。

Akari's Note

巴哈的平均律：將 1 個八度音階按照等比級數分成 6 個全音（12 個半音）的調律。

●巴哈的平均律

Do-Re-Mi-Fa-Sol-La-Si-Do 的音階是由低音 Do 到高音 Do，取自拉丁文「8」的意思，又稱為 1 個八度音階（octave）。然而，並非所有 8 個音程的間隔都是全音，Mi-Fa、Si-Do 之間為半音。因此，1 個八度音階總共有 6 個全音，或者 12 個半音。

這種將 1 個八度音階分成 6 個全音（12 個半音）的調律，就稱為巴哈的平均律。

●音階與聲音頻率的關係

Do 和高 1 個八度音階的 Do 可形成和聲，兩者的聲音頻率正好約相差兩倍。在不曉得聲音頻率的時代，人們也知道和聲（頻率調和）會形成悅耳的音階。

然後，1 個八度音階並非全部等間隔，而是以等比級數劃分音程。具體來說，假設全音的頻率比為 x、半音的頻率比為 y，總共有 6 個全音或者 12 個半音，故頻率比滿足下述式子：

$$x^6 = y^{12} = 2$$

求解後可得到各自的比率：

$$x = 2^{1/6} = 1.122 \ 、 \ y = 2^{1/12} = 1.059$$

接著，試著由低音 Do = 262 赫茲、高音 Do = 523 赫茲，計算兩者之間的聲音頻率。答案在下頁表格的第 4 橫列。

	Do	Re	Mi	Fa	Sol	La	Si	Do
頻率 [Hz]	262							523

順便一提，由 Do 的頻率和音速（340 m/s），可求得波長為 1.3 公尺。

明里
和聲的英文是「harmonics」喔。

42 吉他的和弦也存在定律

公式：波傳遞至各處

星斗

說到英文的「harmonics」，我聽說只要輕按吉他弦的正中央，就可以彈出泛音。

老師

是的。琴弦的有效長度變成一半，撥彈後會形成泛音。第 5 琴衍（fret）、第 7 琴衍的泛音可用來調音。

明里

哇！老師會彈吉他？

老師

呵呵！這點知識只能算是嗜好。

明里

……

老師

閒聊就到這邊，你們有算出來音階的頻率嗎？

Hoshito's Note

八度音階	音名（階名）						
	C（Do）	D（Re）	E（Mi）	F（Fa）	G（Sol）	A（La）	B（Si）
0	16.35	18.35	20.60	21.83	24.50	27.50	30.87
1	32.70	36.71	41.20	43.65	49.00	55.00	61.74
2	65.41	73.42	82.41	87.31	98.00	110.0	123.5
3	130.8	146.8	164.8	174.6	196.0	220.0	246.9
4	261.6	293.7	329.6	349.2	392.0	440.0（＊）	493.9
5	523.3	587.3	659.3	698.5	784.0	880.0	987.8
6	1047	1175	1319	1397	1568	1760	1976
7	2093	2349	2637	2794	3136	3520	3951
8	4186	4699	5274	5588	6272	7040	7902
9	8372	9397	10548	11175	12544	14080	15804

（＊）：在 1939 年倫敦國際會議上，將第 4 個八度音階的 A（La）定為國際標準音高，該音高的頻率為 440 赫茲。

●吉他的聲音與「波」的速度

一般的吉他有 6 條琴弦（由細到粗分別為第一弦到第六弦）和 20 個琴衍（按壓琴弦用的突起）。撥彈細弦會發出高音，撥彈粗弦會發出低音。即便是相同的琴弦，根據按壓的琴衍位置，如未按壓的開放弦（65 公分）、第一琴衍（61 公分）、第二琴衍（58公分）、第三琴衍（55 公分），弦的有效長度愈短，則撥彈出來的聲音愈高。

吉他的音階會低 1 個八度音階，彈撥的頻率範圍如下：

Do（131 赫茲）～Do（262 赫茲）。

另外，撥動時的琴弦兩端為波的節點，振動的弦長為波長 λ 的一半。

那麼，試著利用波的公式，計算撥彈吉他弦時的波速。

琴弦	第五弦	第四弦			第三弦		第二弦	
琴衍	3	開放弦	2	3	開放弦	2	開放弦	1
音階	Do	Re	Mi	Fa	Sol	La	Si	Do
頻率 v [Hz]	131	147	165	175	196	220	247	262
$\lambda/2$ [m]	0.55	0.65	0.58	0.55	0.65	0.58	0.65	0.61
波速 $v = v\lambda$	144	191	191	192	255	255	321	320

表格最下面的橫列是由聲音頻率和振動波長得到的波速。不同琴弦的波速相差甚遠。順便一提，一般音速約為 340 m/s，但吉他弦的音速跟這個數值差異頗大。

然而，仔細觀察會發現，Re-Mi-Fa 等欄位的速度幾乎相同（So-La、Si-Do 亦同）。Re-Mi-Fa 都是彈撥第四弦時的音速。

大家應該已經想到原因了吧。這邊計算的波速不是音速，而是波在琴弦上的傳播速度。此外，我們也可發現，琴弦愈細，波在琴弦上的傳播速度愈快。相同頻率的波，在空氣中以音波的形式傳遞，而在琴弦上則是以橫波的形式傳遞。

最基本的振動──簡諧運動

公式：彈簧的振動週期

老師
前面講了很多音波的相關內容，接著來討論最基本的振動吧。
你們有聽過簡諧運動嗎？

明里
像是彈簧振動、單擺運動嗎？

星斗
這種振動可用三角函數來描述。

老師
是的。想要深入研究振動，確實須要使用三角函數。不過，即
便不用三角函數，我們也可以由單位來推導振動週期和基本性
質。例如，提到彈簧的振動，你們最先想到什麼呢？

星斗
彈簧常數吧。

老師
沒錯。我們試著由彈簧係數的單位來切入。

Akari's Note

x：彈簧的位移
m：重錘的重量
k：彈簧係數
T：振動週期
彈簧振動的運動方程式：振動週期

$$m\frac{d^2x}{dt^2} = -kx \qquad T = 2\pi\sqrt{\frac{m}{k}}$$

●由彈簧係數的因次推求振動週期

假設掛上重錘的彈簧處於水平靜止狀態，當我們稍微向外拉離重錘，它會朝恢復的方向產生與距離平衡位置的偏移（位移）成正比的力量。當手放開重錘，它會受到這股彈力（恢復力）作用，開始以平衡位置為中心進行振動。

這種彈簧的振動稱為諧振或者簡諧運動（harmonic oscillation），是一種可用三角函數描述的基本振動。後面試著不使用三角函數來解析彈簧振動吧。

首先，彈簧的恢復力與離平衡位置的位移 x 成正比，且力是朝起始位置的方向作用，故可如下表示：

$$-kx$$

其中，比例常數 k 稱為彈簧係數。

已知恢復力的單位是牛頓，位移 x 的單位是公尺，故 k 的單位如下：

$$k\text{ 的單位} = \text{N/m} = \text{kg/s}^2$$

另一方面，重錘 m 的質量單位是公斤。

換句話說，我們可將重錘 m 除以彈簧係數 k，m/k 計算後的單位會是 s^2，開平方後變成具有時間單位：

$$\sqrt{\frac{m}{k}}$$

然後，唯一與彈簧振動有關的時間量為彈簧週期，故這就是彈簧的週期數量級（order）。

老師

為了謹慎起見，這邊也列出彈簧振動的運動方程式：

$$m\frac{d^2x}{dt^2} = -kx$$

然後，將微分轉為代數會變成 $mx/t^2 = kx$，移項後即可得到 $t = \sqrt{m/k}$

44 擺鐘也是做簡諧運動

公式：單擺的等時性

老師
單擺也是簡諧運動的典型例子。

星斗
在繩子前端綁上重錘，再讓它左右晃動嘛。

老師
你們知道什麼會影響單擺運動嗎？

明里
繩長和重力加速度吧。

老師
正確。擺動角度不大的時候，單擺的週期與擺動角度無關，而是受繩長和重力加速度所影響。你們或許沒有見過擺鐘……

明里
啊，我在阿公家有看過。

老師
很好。擺鐘就是巧妙運用單擺的性質，均衡劃分時刻的優秀裝置。

Akari's Note

m：重錘的質量

l：繩子的長度

g：重力加速度

θ：擺動角度

T：單擺的週期：僅受 l 和 g 所影響

$$T = 2\pi\sqrt{\frac{l}{g}}$$

106

●單擺的週期取決於繩長與重力加速度

繩子末端綁著重錘向下垂掛，以支點為中心，左右來回擺動的運動，稱為單擺（simple pendulum）。單擺也是一種諧振、簡諧運動。

單擺角度較大時須要另外討論，但角度微小的時候，單擺的週期 T 僅受繩長 l 和重力加速度 g 所影響。這就是伽利略‧伽利萊（Galileo Galilei）發現的「擺錘的等時性」。

我們實際試著組合單位。已知繩長 l 的單位是 m、重力加速度 g 的單位是 m/s^2，可知 l/g 的單位會是 s^2。因此，開平方後變成具有時間單位：

$$\sqrt{\frac{l}{g}}$$

然後，唯一與簡諧運動有關的時間量是簡諧運動的週期，故這就是簡諧運動的週期數量級。

●係數不會影響物理本質

當我們由物理量的單位（因次）推導定律的形式，如同前述，可能會遇到係數不同的情況。簡諧運動的週期 T 也不例外，正確的公式形式如下：

$$T = 2\pi\sqrt{\frac{l}{g}}$$

然而，除非須要測量準確的數值，否則係數的差異不會影響物理本質。簡諧運動現象的物理本質是，振動週期與繩長、重力加速度有關，但不是與繩長成正比，而是與繩長的平方根成正比；不是與重力加速度成反比，而是與重力加速度的平方根成反比。

老師
我們可由單位和因次來了解公式、定律的物理本質。

45 雷擊的距離與震源的距離

公式：前震、主震

老師

日本是一個經常發生地震的國家，接著就來討論地震的波吧。你們有聽過看到閃電後，數 3 秒以上才聽到雷聲，表示雷擊距離相當遙遠，不須要擔心落雷嗎？

星斗

有聽過。因為打雷時會同時產生光和聲音，所以可利用波速的差異來推估雷擊的距離嘛。

明里

光幾乎是立即看到，但聲音的波速約為 340 m/s，如果數 3 秒以上才聽到雷聲，表示距離至少有 1 公里以上。

老師

這個方法也適用於地震。地震發生時，通常會先產生微小晃動的前震，接著才發生劇烈晃動的主震。感受到主震的時間愈晚，代表與震源的距離愈遠。

Akari's Note

前震產生的 P 波[10]：5～7 km/s 的縱波
主震產生的 S 波[11]：3～4 km/s 的橫波

---

[10]：P 波（primary wave）的波數較快，是最先抵達的地震波。一種因地震產生，在固體、液體內部傳播的波動。

[11]：S 波（secondary wave）是繼 P 波之後抵達的地震波。由地震引起的固體變形而產生，僅在固體內部傳播的波動。

●地震波的種類與性質

地震會產生各種不同的波，但大致上可分為兩種類型。首先是帶來前震的 P 波，它屬於縱波，速度較快，在地表附近以每秒 5～7 公里傳播。再來是引起主震的 S 波，它屬於橫波，在地表附近的傳播速度慢於 P 波，約每秒 3～4 公里。因此，前震的持續時間愈長，代表震源距離愈遠。

●計算震源距離的方法

假設 P 波的波速為 v_p、S 波的速度為 v_s、從前震到發生主震的時間（前震的持續時間）為 Δt、與震源的距離為 L。地震發生後，P 波抵達的時間為 L/v_p，S 波抵達的時間為 L/v_s，由於兩者相差 Δt，故以下數學式成立：

$$\frac{L}{v_S} - \frac{L}{v_P} = \Delta t$$

這條式子稱為大森公式。移項後可得到：

$$L = \frac{\Delta t}{\dfrac{1}{v_S} - \dfrac{1}{v_P}}$$

例如，假定 P 波的波速為 6 km/s、於 10 秒後抵達，S 波的波速為 3 km/s、於 20 秒後抵達，則與震源的距離如下：

$$L = \frac{20\,\mathrm{s} - 10\,\mathrm{s}}{\dfrac{1}{3\,\mathrm{km/s}} - \dfrac{1}{6\,\mathrm{km/s}}} = \frac{10\,\mathrm{s}}{\dfrac{1}{6\,\mathrm{km/s}}} = 10\,\mathrm{s} \times \frac{6\,\mathrm{km}}{\mathrm{s}} = 60\,\mathrm{km}$$

老師

順便一提，若有 3 個以上的觀測點，就能夠求到震源的位置喔。以各觀測點為中心，與震源的距離為半徑畫圓（球），其相交點便是震源。

46 地震規模與震度的差異

單位：地震規模、震度

明里
說到地震，通常都會想到地震規模。

星斗
震度也很重要。

老師
地震規模是地震強弱的量度，而震度則是各地的搖晃程度。最近似乎許多人都已經知道了兩者的差異。

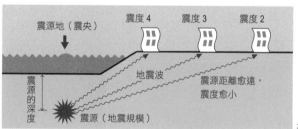

示意圖

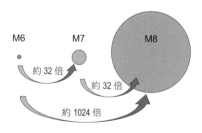

Hoshito's Note

震度：各地測量到的搖晃程度，數值會因地點而異
地震規模：震源處的振動強弱，其數值每增加 1，代表強度約增加 32 倍

●地震震度與地震規模

　　震度和地震規模是描述地震大小的用語。震度（earthquake intensity）是各地測量到的搖晃程度，其數值會因地點而異。雖然震度也受地盤等因素影響，無法一概而論，但大致上是震源距離愈遠，則震度愈小。

日本氣象廳設定的震度階級

震度	程度	地震影響	例子
震度 0	無感	人無感覺，僅地震計測量到。	－
震度 1	微震	人靜止時可感覺到晃動。	－
震度 2	輕震	大多數人可感覺到搖晃。 門窗發出些微聲響。	－
震度 3	弱震	房屋振動、門窗發出聲響。 垂吊的電燈大幅度搖晃。	－
震度 4	中震	房屋劇烈振動、容器中的水濺出。 路上行人也能夠感到搖晃。	－
震度 5	強震	牆磚出現裂痕、墓碑傾倒、煙囪石牆等產生損壞。	－
震度 6	烈震	房屋倒塌率小於 30％，發生山崩地裂。 大多數人難以站立。	新潟縣中越地震 最大震度 6 強（2004 年）
震度 7	激震	房屋倒塌率大於 30％，發生山崩地裂、斷層。	兵庫縣南部地震 最大震度 7（1995 年）

　　另一方面，地震規模（magnitude）是描述震源處振動強弱的指標，其數值每增加 1，代表強度約增加 32 倍。每一場地震僅會有一個地震規模。

名稱	M	地震的概略（淺層地震的情況）	日本地區的發生頻率（參考標準）
大地震 巨大地震	9	產生數百到數千公里範圍的大規模地殼變動，引發大範圍的嚴重災害、巨大海嘯	數百年 1 次左右
		發生在內陸時，引發大範圍的嚴重災害；發生在海底時，引發巨大海嘯	數十年 1 次左右
	8	內陸地震引發嚴重災害。 海地地震伴隨海嘯。	每年 1～2 次左右
中地震	7	震央附近引發輕微損害。規模達到 7 左右，則可能依照情況引發嚴重損害。	平均每年 10～15 次左右
	6	較少出現損害。震央附近可能依照情況引發損害。	每個月 10 次左右
小地震	5	震央附近會感到晃動。震源位於非常淺層時，震央附近可能引發輕微損害。	每天數次左右
	4	震央附近有時會感到晃動。	每天數 10 次左右
地震微小	3	震源位於非常淺層時，震央附近偶爾會感到晃動。	每小時 10 次左右
	2	人無感覺	每分鐘 1～2 次左右
	1	人無感覺	
地震 極微小	0	人無感覺	發生無數次
	-1	人無感覺	

47 在深水中傳遞的波

公式：深水波的速度

明里

嗯……180°嘛。

老師

是的。那麼，接著就來討論水波的性質。

明里

水波是一種波，本身具有波長和頻率。

老師

沒錯。水波是由於垂直方向的重力場在水面上產生的波動，所以重力也是其關鍵因素。當水面稍微升高，會受重力影響而下降；而當水面稍微降低，會受浮力影響而上升。

星斗

重力、浮力是波的恢復力。

明里

然後，在上下振動的同時往水平方向傳遞，所以水波屬於橫波。

老師

談了許多水波的性質，你們能夠由重力、波長、頻率推導水的波速嗎？

Akari's Note

g：重力加速度
λ：水波的波長
v：水波的頻率
V：深水波的速度

$$V = \sqrt{\frac{1}{2\pi}\, g\, \lambda}$$

●水波的形成方式

請想像一下水的表面稍微升高（或者降低）的情況，升高的水受到重力（降低的水受到浮力）影響，使得水面開始上下振動。這樣的上下振動往水平方向傳遞，最終就形成了水波。

●水深大於波長的深水波速度

討論水波的時候，波長 λ 和水深 h 的大小關係十分重要。首先，若水深 h 足夠大於波長 λ（$h/\lambda > 1/2$），則水波傳播時不會受到底部影響。這樣的波稱為深水波（deep water wave）。

深水波的性質取決於重力加速度 g 和波長 λ。換句話說，重力加速度 g［m/s^2］和波長 λ［m］的乘積單位是 m^2/s^2，將其開根號可得到速度的單位：

$$\sqrt{g\lambda}$$

這就是深水波的波速數量級。

更正確來說，深水波的速度 V 如下：

$$V = \sqrt{\frac{1}{2\pi}g\lambda}$$

另外，深水波的頻率是 $v = V/\lambda$。

●海嘯的速度有多快？

若是波長 λ 為 100 公尺的深水波，速度並沒有想像中來得快：

$$V = \sqrt{\frac{1}{2\pi}9.8m/s^2 \times 100m} = 12.5m/s$$

而海嘯的波長通常在數公里到數百公里之間，對波長如此長大的深水波來說，即便是海洋底部也會變成是淺海。

48 在淺水中傳遞的波

公式：極淺水波的速度

明里
我們接下來要討論淺水的波吧。

老師
沒錯。

星斗
討論淺水的波時，關鍵因素同樣是重力、浮力，須要注意的是淺水波會受到水深影響。

老師
是的。這次試著由重力和水深推導波速吧。

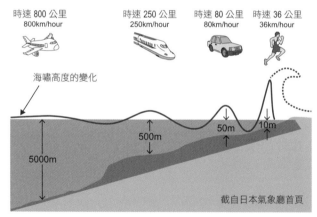

Akari's Note

g：重力加速度
λ：水波的波長
h：水深
V：極淺水波（長波）的速度

$$V = \sqrt{gh}$$

●水深小於波長的極淺水波（長波）速度

當水深 h 遠小於波長 λ（$h/\lambda < 1/20$），水波傳播時會受到底部影響。這樣的波稱為極淺水波（very shallow water wave）或者長波（long wave）[12]。

淺水波的性質取決於重力加速度 g 和水深 h。換句話說，重力加速度 g [m/s^2] 乘以水深 h [m] 再開根號會變成速度的單位：

$$V = \sqrt{gh}$$

這正是極淺水波的速度公式。

●海嘯的速度有多快？

海嘯的波長通常在數公里到數百公里之間，故即便是水很深的海洋也會變成是極淺水波。例如，在水深 4000 公尺的外洋，水波速度約相當於噴射機的 220 m/s（時速 800 公里）；在水深 500 公尺處，水波速度約相當於新幹線的 70 m/s（時速 250 公里）。隨著愈接近海岸，水深變得愈淺，就會使速度急劇降低，同時波高不斷增加。

●海浪拍打岸邊時與海岸線平行的原因

離岸的波浪通常會以一個斜角度向海岸線前進，但在接近岸邊時，會逐漸轉變為幾乎與海岸線平行。這是因為當波浪靠近海岸，海底會逐漸變淺，使得所有波浪都變成極淺水波。同時，離岸邊較遠、水深較深且速度較快的波浪，會追上離岸邊較近、水深較淺且速度較慢的波浪，導致整體波面與海岸線平行。

老師
對了，在前面也有出現 $\sqrt{gh}$，與從高度 h 落下的物體速度公式幾乎相同。兩種截然不同的情況，卻有相類似的公式，相當耐人尋味。

＊ 12：當水深跟波長差不多，落於中間的範圍（1/20 ＜ h/λ ＜ 1/2），稱為淺水波（shallow water wave）。

49 高能量的紫外線會造成曬傷

常數：*c*、*h* / 公式：波長、頻率、能量

老師
我們試著從波的觀點討論光吧。

星斗
光速是一個固定值。

明里
對啊。所以波長和頻率的乘積也是固定值。

星斗
光本身帶有能量。

老師
是的。光的能量會與頻率成正比。這一點非常重要。

明里
紫外線造成曬傷也是因為能量高嘛。

星斗
X 射線的能量更高，須要小心注意。

老師
X 射線的能量比可見光還要高 1000 倍，須要格外小心謹慎。

Akari's Note

光速：$c = 3.0 \times 10^8 \, \text{m/s}$
普朗克常數：$h = 6.6 \times 10^{-34} \, \text{J s}$
λ：光的波長
v：光的頻率

$$\lambda \times v = c$$

E：光子的能量

$$E = hv$$

●從電視到手機都有使用的電波

電磁波中波長最長、能量最低的電波，廣泛用於電視機、收音機、行動電話等設備。其中，微波爐是利用波長 12 公分（2 GHz）左右的微波加熱水分子（切勿將貓咪放入微波爐中烘乾）。

●讓人體發光的紅外線

波長小於 1 毫米、約大於 780 奈米的電磁波，稱為紅外線：IR。除了遙控器，紅外線也應用於各種領域。透過紅外線（熱顯像儀）觀測，人體也會發出光。

●對人體友善的可見光

波長範圍約 780 奈米到 380 奈米的電磁波，是肉眼能夠觀測的可見光。人類之所以能夠觀測可見光，或許與太陽光譜在可見光範圍出現高峰值有關。在視覺細胞的網膜中，存在著一種名為視紫質（Rhodopsin）的蛋白質，它能夠吸收可見光並引發光化學反應，讓我們感知到光的存在。

●傷害肌膚的紫外線

紫外線：UV 是波長範圍約 400 奈米到 10 奈米的電磁波，又可分為 400 奈米到 320 奈米的 UVA、320 奈米到 290 奈米的 UVB、290 奈米到 190 奈米的 UVC。紫外線的能量高於可見光，容易對皮膚組織造成曬傷等典型傷害。

●需要注意曝曬量的 X 射線

X 射線的波長約為可見光的 1/1000，能量比可見光還高 1000 倍。因此，X 射線具有極高的貫穿能力，可能會損害體內細胞的 DNA。X 射線常被用於 X 光檢查，須要特別注意曝曬量。

50 從單位來看最著名的公式

公式：$E = mc^2$

老師
談完光子的能量後，最後來討論愛因斯坦的公式。

星斗
有名的 $E = mc^2$ 嘛。

老師
是的。運用前面的內容，馬上就可知道質量乘以光速的平方會是能量的單位。

明里
嗯……質量的 kg 乘以光速平方的（m/s）^{2} 得到 kg m2 s^{-2}，確實會變成 J（焦耳）。

老師
那麼，我們來舉個具體例子：若電子和正電子發生能量變化時，會產生什麼樣的能量？又會轉變成多少光子呢？

Akari's Note

E：能量
m：質量
c：光速
愛因斯坦的公式

$$E = mc^2$$

電子的質量：$m_e = 9.1 \times 10^{-31} \, \text{kg}$

●從單位來看愛因斯坦的公式

描述質能守恆（等價性）的愛因斯坦公式，是科學上最為著名的公式。這個公式是愛因斯坦透過他深邃的洞察力，觀察物理現象後所得到的。不過，我們也可以從單位的角度來驗證這個公式。

換句話說，想要由質量 m〔kg〕、光速 c〔m/s〕組合出能量 E〔J〕的單位，僅有下式滿足〔J〕＝〔kg m^2 s^{-2}〕的形式（忽略係數）：

$$E = mc^2（式子）$$

單位在科學中的應用遠比想像的還要多。

●計算電子正電子對滅時產生的光子

對於許多人來說，愛因斯坦的公式可能過於抽象，這邊來討論一個稍微具體的問題。

原子和分子是由質子、中子、電子等基本粒子所組成，這些粒子分別各有相對應的反粒子。例如，帶有負電荷的電子有質量相同但電荷相反的正電子。當電子和正電子相撞，會相互消滅並產生純粹的能量（光子）。根據運動相關的守恆原則，此時會產生 2 個光子。

由此可知，1 個光子具有相當於 1 個電子質量的能量 E：

$$E = m_e c^2 = 9.1 \times 10^{-31} \text{kg} \times (3.0 \times 10^8 \text{m/s})^2 = 8.2 \times 10^{-14} \text{J}。$$

另一方面，由於光子的能量為 $E = h\nu$，電子正電子對滅時產生的光子頻率如下：

$$\nu = \frac{E}{h} = \frac{m_e c^2}{h} = \frac{8.2 \times 10^{-14} \text{J}}{6.6 \times 10^{-34} \text{Js}} = 1.2 \times 10^{20} \text{Hz}$$

這種頻率的光子為 γ 射線，也可於黑洞附近、太陽閃焰等地方觀測到。

無因次的單位

　　秒、年等時間單位，在量的方面表達不同的尺度，但在質的方面同樣是表達時間，亦即具有時間的因次。同樣地，公尺、公分、光年具有長度的因次；公斤、公克具有質量的因次。

　　然而，也有一些不具有物理量因次的「單位」。例如，雖然本書沒有討論，但角度的度「°」就是一個無因次單位。圓周本身具有長度單位，而角度是分割圓周的比例，它跟圓周和直徑比值的圓周率同樣不具有單位。

　　以聲音為基準表示物體速度的馬赫也不具有單位。它是物體速度[m/s]和音速[m/s]的比率，分子和分母的單位可以彼此消去。只要是同樣單位的比率，這類的物理量都不具有單位。

　　描述地震強度的地震規模、表示星體亮度的星等也不具有單位。它們是將物理量轉換成對數尺度，即便原本的物理量可能具有單位，在轉換過程中也會被隱藏起來。同樣地，描述聲音大小的分貝、表示酸鹼性的pH值等，都是沒有單位的對數值。

　　雖然上面描述這些量不具有單位，但換個角度來看，可說它們具有無因次的單位。

　　光學深度：τ 是一個有點獨特的無因次量，用於描述光子平均每次衝撞介質粒子的範圍。光學深度大於1時，對面的景象會變得模糊不清。例如，晴天的視線範圍約十公里、光學深度為1，但雨天的視線範圍約數十公尺，而在濃霧中的視線範圍可能僅約有數十公分。下次遇到雨天或者濃霧時，不妨試著說說看「今天的光學深度很大」，這樣可能會覺得自己很像是名專家。

第5章

藉由單位克服
難懂的電磁學

—電力、磁力、電磁力

本章終於要挑戰電力、磁力的單位和公式。電磁學的前半部分相對簡單，尤其庫侖、基本電荷都有定義數值，後半部分的電場還算容易理解，但磁場就讓人感到頭大了。本章會盡可能交互闡述電場和磁場，且介紹時會一邊與重力場等概念做對比，這樣是不是比較好理解呢？電流、電壓、電力等內容與日常生活息息相關，以前處理「保險絲燒斷」的問題相當麻煩，但現在遇到「斷路器跳脫」只須要重新扳起開關即可。雖然本章不會討論「保險絲」，但會稍微談到電場與磁場的相互作用。由於這部分的內容比較艱澀，最後會再回過頭聊一些比較簡單的內容。

51 庫侖有多強大？

單位：C（= As）

老師
我其實不太擅長電力、磁力的內容。

星斗
唉！老師也有感到棘手的東西嗎？

老師
當然有囉。像是美酒、女孩子。

明里
好啦，老師又在口是心非了。

老師
唉。雖然電力、磁力不太好理解，但還是從基礎內容說起吧。
說到電力，果然會先想到電荷和它的單位。

星斗
電荷就相當於電力的量吧。

老師
是的。而電力能量的量又是不同的概念。

Hoshito's Note

1 C（庫侖）[1] ＝ 1 安培的電流在 1 秒鐘內傳遞的電荷量[2]
1 C（庫侖）＝（目前定義）以電子電荷為測量基準，約 6.24×10^{18}
個（約 600 京個）電子所帶的總電荷量
電子電荷（基本電荷）＝約 1.6×10^{-19} C

---

[1]：單位符號取自法國科學家庫侖（Charles-Augustin de Coulomb；1736～1806）。

[2]：另一方面，1 安培定義為在 1 秒鐘內傳遞 1 庫侖的電荷。兩者的定義屬於同義反覆，
所以才說電力的內容不好處理。

●令人感到抽象的 1 庫侖

在國際單位制 SI 中，電荷的單位是庫侖：C（coulomb）。

$$1C = 1As$$

庫侖是結合 SI 基本單位安培和秒的導出單位，本身具有獨立符號 C。就重力是以源頭的質量 kg 為基本單位，而重力本身屬於導出單位來看，電流源頭的電荷 C 似乎也可被視為基本單位，但實際應用中卻是以 A 為基本單位[3]。

總而言之，1 庫侖是一個令人感到抽象的概念。為了幫助理解，下面來舉一些具體的例子：

4 號鹼性電池	3000 庫侖左右
3 號鹼性電池	7200 庫侖左右
2 號鹼性電池	20000 庫侖左右
1 號鹼性電磁	50000 庫侖左右
雷擊	數十（夏季）～ 600 庫侖（冬季）

與電池比較後，雷擊顯得相形見絀，但雷擊是在極短時間內釋放電荷，其帶來的威力相當驚人。

●現今是以電子的電荷量決定庫侖的時代

雖然庫侖是令人感到困擾的概念，但最終還是得藉此了解自然界。電子所帶的電荷稱為基本電荷：

$$基本電荷 e = 1.602176634 \times 10^{-19} C$$

這是基本電荷目前的定義值[4]。因此，我們可如下明確定義 1 庫侖：

$$1 庫侖 = 1/（1.602176634 \times 10^{-19}）= 約 6.24 \times 10^{18} 個（約 600$$
京個）電子所帶的電荷量

＊3：在討論電磁力的時候，若選定庫侖、安培、伏特等其中一個當作基本單位，則其他的可視為導出單位。因此，庫侖和安培都能夠作為基本單位，但使用後者比較方便進行測量（定義）。

＊4：與普朗克常數 h 等一樣，皆是在 2018 年的國際度量衡大會上被採用的定義值。

52 韋伯有多強大？

老師
電力和磁力有相似之處，卻又不盡相同。總之，我們盡可能交互比對來討論。

明里
說完電荷之後，接著要討論磁荷吧。

老師
是的。先來談談磁力和它的單位吧。

星斗
磁荷可想成是磁力的量？

老師
姑且可以這麼說。不過，有一個非常重要的區別是，電荷能夠單獨存在正或者負的極性，但磁荷肯定是成對的 N 極、S 極。這是電力和磁力之間最基本的差異。

Hoshito's Note

1 Wb（韋伯）[5] ＝在 1 秒鐘內產生 1 伏特電壓所需的磁通量變化[6]。
1 Wb（韋伯）＝相距 1 公尺的兩個等強度電荷之間，產生 6.3×10^4 牛頓作用力時所需的磁通量[7]。

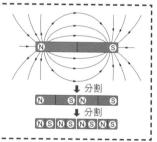

＊5：單位符號取自德國物理學家韋伯（Wilhelm Eduard Weber；1804～1891）。
＊6：這是韋伯的單位定義，文字敘述顯得有些抽象。
＊7：雖然感覺比較好理解，但實際討論磁力時會倒過來使用，兩者的定義也是同義反覆。
＊8：電荷可單獨存在正負極性，但磁荷肯定是成對的 N 極和 S 極，並不存在單一的磁極。

●令人覺得抽象的 1 韋伯

在國際單位制 SI 中，磁荷[*8]的單位是韋伯：Wb（weber）。

$$1Wb = 1J/A = 1kg\ m^2s^{-2}A^{-1}$$

韋伯是 SI 導出單位，可搭配其他的單位表示為（推導請參見下文）：

$$Wb = Vs$$

然後，從磁荷（磁極）發出的磁力線數量稱為磁束（magnetic flux），其單位同樣是韋伯。1 磁束可想成是從 1 韋伯的磁荷發出 1 條磁力線。

總之，韋伯跟庫論同樣是相當抽象的概念。為了幫助理解，我們試著討論磁鐵的情況。磁鐵的強弱並非取決於多少韋伯，而是看平均單位面積的磁束數量 —— 磁束密度（單位是 [Wb/m²] 或者使用特斯拉：T）。

地磁	30 ～ 50 微特斯拉
磁力項鍊	約 0.13 特斯拉
太陽黑子	約 0.2 特斯拉
釹磁鐵	約 0.5 特斯拉
醫療用 MRI	1 ～ 1.5 特斯拉
超導磁體	數十特斯拉

身邊周遭最強大的磁鐵（釹磁鐵）強度不到 1 Wb/m² = 1 T。各位是否稍微了解韋伯單位了呢？

●嘗試推導 WB = Vs

試著使用後面會談到的電壓單位 V = J/C 來轉換單位：

$$Wb = \frac{J}{A} = \frac{VC}{A} = \frac{VAs}{A} = Vs$$

明明韋伯是磁力單位，卻可用電力單位的伏特和秒來描述，真是不可思議。

53 兩電荷之間遵守平方反比定律

定律：庫侖靜電定律

明里

電荷有正和負兩種極性吧。

星斗

正負電荷會互相吸引，而相同電荷會彼此排斥。我記得這叫做庫侖定律。

老師

是的。如果將電荷視為質量，電荷之間的靜電力會與萬有引力的性質非常相似。

明里

萬由引力是與質量的乘積成正比，並與距離的平方成反比。

星斗

靜電力是與電荷的乘積成正比，並與距離的平方成反比。

老師

不過，萬有引力只有吸引力，而靜電力則有吸引力和排斥力。

Akari's Note

q_1：電荷 1

q_2：電荷 2

r：兩電荷之間的距離

F：兩電荷之間的靜電力

k：比例常數

ε_0：真空電容率（ $= 8.85 \times 10^{-12} \mathrm{C^2 N^{-1} m^{-2}}$ ）

庫侖靜電定律：

$$F = k \frac{q_1 q_2}{r^2} 、 \quad k = \frac{1}{4\pi\varepsilon_0}$$

●庫侖靜電定律

電荷有正負兩種極性，相異極性的電荷會產生吸引力，相同極性的電荷會產生排斥力，兩者合稱為靜電力（electrostatic force）。

靜電力的大小與物體所帶的電荷量成正比，且當遠離物體，作用力會急遽減弱。具體來說，兩電荷之間的靜電力 F 會與兩電荷量 q 的乘積成正比，並與距離 r 的平方成反比。

$$F = k \frac{q_1 q_2}{r^2}$$

這項性質稱為庫侖靜電定律。

●嘗試計算比例常數

已知作用力單位是 N、電荷單位是 C、距離單位是 m，可知比例常數 k 的單位是 $N \, C^{-2} \, m^2$。一般來說，比例常數可如下表示：

$$k = \frac{1}{4\pi\varepsilon_0}$$

其中，ε_0 是稱為真空電容率的常數。根據國際單位制，該電容率的數值和單位為：

$$\varepsilon_0 = 8.85 \times 10^{-12} \, C^2 \, N^{-1} \, m^{-2}$$

電容率的單位是比例常數 k 的倒數，而數值是以 SI 單位測量得到的。

●重力與靜電力的對應表

靜電力的性質與萬有引力相似，這邊試著以電荷、質量比較它們所引起的作用力。

	重力	靜電力
物理量	質量　m [kg]	電荷量　q [C]
作用力	重力　$F = mg$ [N] $$F = G\frac{Mm}{r^2}$$	靜電力　$F = qE$ [N] $$F = k\frac{q_1 q_2}{r^2} = \frac{1}{4\pi\varepsilon_0}\frac{q_1 q_2}{r^2}$$

54

兩磁荷之間也遵守平方反比定律

定律：庫侖靜磁定律

明里
磁荷具有 N 極和 S 極嘛。

星斗
跟電荷的情況一樣，相異極性會互相吸引，相同極性會彼此排斥。這也是庫侖定律。

老師
沒錯。如果將磁荷視為質量，磁荷之間的靜磁力也與萬有引力的非常相似。

明里
萬由引力是與質量的乘積成正比，並與距離的平方成反比。

星斗
靜磁力是與磁荷的乘積成正比，並與距離的平方成反比。

老師
不過，萬有引力只有吸引力，而靜磁力則有吸引力和排斥力。

Akari's Note

m_1：磁荷 1

m_2：磁荷 2

r：兩磁荷之間的距離

F：兩磁荷之間的靜磁力

k：比例常數

μ_0：真空磁導率（$= 1.26 \times 10^{-6} \mathrm{NA}^{-2}$）

庫侖靜磁定律：

$$F = k' \frac{m_1 m_2}{r^2} \ , \ \ k' = \frac{1}{4\pi\mu_0}$$

● 庫侖靜磁定律

磁力（磁荷）有 N、S 兩種極性，相異極性的磁荷會產生吸引力，相同極性的磁荷會產生排斥力，兩者合稱為靜磁力（magnetostatic force）。

靜磁力的大小與物體所帶的磁荷量成正比，且當遠離物體，作用力會急遽減弱。具體來說，兩磁荷（磁極）之間的靜電力 F 會與兩磁荷量 m 的乘積成正比，並與距離 r 的平方成反比。

$$F = k' \frac{m_1 m_2}{r^2}$$

這項性質稱為庫侖磁電定律。

●嘗試計算比例常數

已知作用力單位是 N、磁荷單位是 Wb、距離單位是 m，可知比例常數 k' 的單位會是 N Wb^{-2}m^2。一般來說，比例常數可如下表示：

$$k' = \frac{1}{4\pi\mu_0}$$

其中，μ_0 是稱為真空磁導率的常數。根據國際單位制，該磁導率的數值和單位為（利用 Wb = J/A = Nm/A）：

$$\mu_0 = 1.26 \times 10^{-6} \, \text{Wb}^2\text{N}^{-1}\text{m}^{-2} = 1.26 \times 10^{-6} \, \text{NA}^{-2}$$

磁導率的單位是比例常數 k' 的倒數，而數值是以 SI 單位測量得到的。

●重力與靜磁力的對應表

這邊也試著比較靜磁力、重力、電磁力。

	重力	靜電力	靜磁力
物理量	質量 m [kg]	電荷量 q [C]	磁荷量 m [Wb]
作用力	重力 $F = mg$ [N] $F = G\dfrac{Mm}{r^2}$	靜電力 $F = qE$ [N] $F = k\dfrac{q_1 q_2}{r^2}$	靜磁力 $F = mH$ [N] $F = k'\dfrac{m_1 m_2}{r^2}$

55

從電荷向四面八方延伸的電力線

概念：場與靜電場

老師
電力使用「場」的概念來討論會比較容易理解。

星斗
像是重力場等的「場」。

明里
靜電力的場會叫做靜電場嘛。

老師
是的。討論重力的時候，會想像質量周圍存在重力作用的力場——重力場；則討論電力的時候，則會想像電荷周圍存在電力作用的力場——電場。

  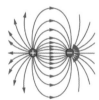 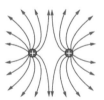

Akari's Note

q：電荷
r：與電荷的距離
E：電荷周圍的電場大小（電場強度）
ε_0：真空電容率（$= 8.85 \times 10^{-12}\,C^2N^{-1}m^{-2}$）

$$E = k\,\frac{q}{r^2} = \frac{1}{4\pi\varepsilon_0}\,\frac{q}{r^2}$$

＊9：憑空想用來傳遞電力的作用力線，該假想線是由正電荷出發並終止於負電荷。雖然電力線是想像出來的概念，但電場本身是確實存在的物理現象。

●電力線在電荷周圍擴散形成電場

在帶電粒子（電荷）的周圍，存在著可感受電力的靜電場（electrostaic field）。當該靜電場感應到其他的電荷，兩者之間就會產生作用力。

我們可想像電荷會向周圍散發傳遞電力的假想線[*9]，再由假想的電力線（electric field lines）形成電場。電力線是從電荷向四面八方延伸，在三維空間中，貫穿球面的的電力線數量與距離的平方成反比，愈遠數量愈少。因此，兩電荷之間承受的靜電力也會與距離的平方成反比，愈遠力量愈弱。

●電場強度

與電荷 q 相距 r 的電場強度：E，可如下表示（單位是 [N/C]）：

$$E = k \frac{q}{r^2} = \frac{1}{4\pi\varepsilon_0} \frac{q}{r^2} = \frac{1}{\varepsilon_0} \frac{q}{4\pi r^2}$$

其中，等號最右邊是從電荷 q 散發的電力線密度，而 $D = q/(4\pi r^2)$ 稱為電通量密度〔electric flux density；單位是（C/m^2）〕。

作用於其他電荷 q' 的靜電力 F 為：

$$F = q' E = k \frac{qq'}{r^2} = \frac{1}{4\pi\varepsilon_0} \frac{qq'}{r^2} = \frac{1}{\varepsilon_0} \frac{qq'}{4\pi r^2}$$

●重力場與靜電場的對應表

	重力	靜電力
物理量	質量　m [kg]	電荷量　q [C]
作用力	重力　$F = mg$ [N]	靜電力　$F = qE$ [N]
作用場	重力加速度　g [N/kg = m s^{-2}] $$g = G\frac{M}{r^2}$$	靜電場　E [N/C] $$E = k\frac{q}{r^2} = \frac{1}{4\pi\varepsilon_0}\frac{q}{r^2}$$

56 從磁荷向四面八方延伸的磁力線

概念：場與靜磁場

老師
磁力也是使用磁場來討論會比較容易理解。

明里
我小時候經常會拿磁鐵來玩遊戲。

老師
嗯，我也有玩過磁鐵。

明里、星斗
哎！？

老師
哈哈，我也有過童年啊！總之，在鐵砂中放進磁鐵所形成的圖樣，其實就是磁場。

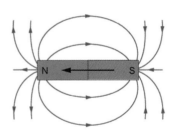
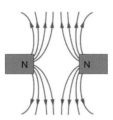

Akari's Note

m：磁荷

r：與磁荷（磁極）的距離

H：磁荷（磁極）周圍的磁場大小（磁場強度）

μ_0：真空磁導率（$= 1.26 \times 10^{-6} \mathrm{NA}^{-2}$）

$$H = k' \frac{m}{r^2} = \frac{1}{4\pi\mu_0} \frac{m}{r^2}$$

●磁力線在磁荷周圍擴散形成磁場

在磁荷（磁極）的周圍，存在著可感受磁力的靜磁場（magnetostatic field）。當該靜磁場感應到其他的磁荷，兩者之間就會產生作用力。

我們可想像磁荷會向周圍散發傳遞磁力的假想線[*10]，再由這些假想的磁力線（magnetic field lines）形成磁場。在三維空間中，磁力線的數量與距離的平方成反比，愈遠數量愈少。因此，兩磁荷之間承受的靜磁力也會與距離的平方成反比，愈遠力量愈弱。

●磁場強度

與磁荷 m 相距 r 的磁場強度：H，可如下表示（單位是 [N/Wb] 或者根據安培定律的 [A/m]）：

$$H = k' \frac{m}{4\pi r^2} = \frac{1}{4\pi\mu_0} \frac{m}{r^2} = \frac{1}{\mu_0} \frac{m}{4\pi r^2}$$

其中，等號最右邊是從磁荷 m 散發的磁力線密度，而 $B = m/(4\pi r^2)$ 稱為磁通量密度〔magnetic flux density；單位是（C/m²）〕。

作用於其他磁荷 m' 的靜磁力 F 為：

$$F = m'H = k' \frac{mm'}{r^2} = \frac{1}{4\pi\mu_0} \frac{mm'}{r^2} = \frac{1}{\mu_0} \frac{mm'}{4\pi r^2}$$

●重力場、靜電場與靜磁場的對應表

	重力	靜電力	靜磁力
物理量	質量 m [kg]	電荷量 q [C]	磁荷量 m [Wb]
作用力	重力 $F = mg$ [N]	靜電力 $F = qE$ [N]	靜磁力 $F = mH$ [N]
作用場	重力加速度 g [N/kg] $$g = G\frac{M}{r^2}$$	靜電場 E [N/C] $$E = k\frac{q}{r^2} = \frac{1}{4\pi\varepsilon_0}\frac{q}{r^2}$$	靜磁場 H [N/Wb] $$H = k'\frac{m}{r^2} = \frac{1}{4\pi\mu_0}\frac{m}{r^2}$$

* 10：雖然這邊描述為假想線，但就像鐵砂所形成的圖樣一樣，磁力線確確實實存在。然而，我們必須自行定義條數等細節。

57 像重力位能那樣來試著討論電場的能量

單位：**J** / 公式：靜電位能、靜電位勢

老師
說完電荷、靜電、靜電場，你們覺得下一個要談什麼？

明里
要談能量嗎？

老師
是的。就像重力場會產生重力位能，靜電同樣也會產生靜電位能。其中，重力位能可分成在天體附近的情況，與在地表附近的情況來討論。

明里
在天體附近的公式是 $-GMm/r$ 嘛。

星斗
在地表附近的公式是 mgh。

老師
電場的能量也存在兩種形式，我們先由在天體附近的角度來討論。

Akari's Note

q：電荷 1
q'：電荷 2
r：兩電荷間的距離
ψ：兩電荷間的靜電能 [J]
k：比例常數
ε_0：真空電容率（ $= 8.85 \times 10^{-12}\,\mathrm{C^2 N^{-1} m^{-2}}$ ）

$$\Psi = k\frac{qq'}{r} = \frac{1}{4\pi\varepsilon_0}\frac{qq'}{r}$$

●電場也會產生位能

質點的重力位能公式為 $\psi = Gmm/r$（在這裡忽略負號）。根據重力場和靜電場的對應關係，將質量換成電荷並且調整係數，點電荷產生的靜電位能（靜電能）可如下表示：

$$\Psi = k\frac{qq'}{r} = \frac{1}{4\pi\varepsilon_0}\frac{qq'}{r}$$

由於單位 [Nm] = [J]，可知確實是能量的單位。

●平均單位電荷量的位能稱為位勢

平均單位質量的重力位能 $\psi/m = GM/r$，稱為重力位勢（重力勢）。同樣地，平均單位電荷量的靜電位能，稱為靜電位勢（靜電勢：electrosatic potential）或者庫侖位勢（庫侖電勢：Coulomb potential，單位是 [J/C]）。

$$\frac{\Psi}{q'} = \psi = k\frac{q}{r} = \frac{1}{4\pi\varepsilon_0}\frac{q}{r}$$

●重力位能與靜電位能、靜電勢的對應表

	重力	靜電力
物理量	質量　m [kg]	電荷量　q [C]
作用力	重力　$F = mg$ [N]	靜電力　$F = qE$ [N]
作用場	重力加速度　g [N/kg]	靜電場　E [N/C]
能量	重力位能　ψ[Nm = J]　$$\Psi = m\psi = G\frac{Mm}{r}$$	靜電位能　ψ[Nm = J]　$$\Psi = q'\psi = k\frac{qq'}{r} = \frac{1}{4\pi\varepsilon_0}\frac{qq'}{r}$$
位勢	重力勢　ψ[J/kg]　$$\psi = \frac{\Psi}{m} = G\frac{M}{r}$$	靜電勢　ψ[J/C]　$$\psi = \frac{\Psi}{q'} = k\frac{q}{r} = \frac{1}{4\pi\varepsilon_0}\frac{q}{r}$$

58

與地表附近重力位勢相似的電位

單位：**V = J/C** ／ 公式：靜電位勢、電位

明里
接著，我們要討論在地表附近的位能吧。

星斗
在地表附近的位能公式是 mgh。

老師
天體附近的重力位能與半徑成反比。同樣地，中心電荷附近的靜電位能也與半徑成反比。

星斗
公式分別為 GMm/r 和 kqq'/r。

明里
若換成位勢，分別為 GM/r 和 kq/r 嘛。

老師
是的。然後，在地表附近的重力場數值固定，位能會與高度差成正比。同樣地，在電荷連續分布的情況下，我們能夠討論靜電位能和靜電位勢（平均單位電荷的靜電位能）。

Hoshito's Note

電位[11]：單位電荷在電場中具有的位能
電位：平均單位電荷的靜電位能（靜電位勢）
V（伏特）= J/C = $kg\,m^2 s^{-3} A^{-1}$

---

[11]：一般的電位定義，但抽象不好理解。

●重點在於「平均單位電荷」

與電荷位於中心的情況不同，電荷連續分布時，無法以簡單的式子描述靜電位能、靜電位勢。為了要解決這個問題，我們試著將其與重力場比較，看看如何利用單位來處理吧。

在地表附近的重力場固定不變，其位能公式為 $\Phi = mgh$，而能量的單位是 [J]。同樣地，電荷連續分布時的靜電位能，可如下表示：

$$\Phi$$

靜電位能的單位也是 [J]。

接著，我們來看地表附近的平均單位質量的位能，也就是（重力）位勢。它可表示為 $\phi = \Phi/m = gh$，其單位是 [J/kg]。同樣地，<u>平均單位電荷</u>的靜電位能為靜電位勢，一般可如下表示：

$$\phi = \frac{\Phi}{q},$$

靜電位勢的單位是 [J/C]。這個靜電位勢平常會稱為電位（electric potential）。

●重力位勢與電位的對應表

	重力	靜電力
物理量	質量　m [kg]	電荷量　q [C]
作用力	重力　$F = mg$ [N]	靜電力　$F = qE$ [N]
作用場	重力加速度　g [N/kg]	靜電場　E [N/C]
能量	位能　Φ [Nm = J]　$\Phi = m\phi = mgh$	靜電位能　Φ [Nm = J]　$\Phi = q`\phi$
位勢	位勢　ϕ [J/kg]　$\phi = \dfrac{\Phi}{m} = gh$	電位　ϕ [J/C = V]　$\phi = \dfrac{\Phi}{q},$

59

電位與電壓的差異

老師
既然談到了電位，也來順便講講電壓。

星斗
我記得電壓就是電位差。

明里
果然還是要拿地表附近的情況來比較吧。

老師
是的。地表附近的位能通常是以地面為基準。存在高度差的時候，兩地之間會產生位能差、重力位勢差。同樣地，存在電位差的時候，兩點之間會產生靜電位能差、靜電位勢差。這個差值就是所謂的電壓。

明里
哎呀！從靜電位能到電壓，需要的概念還真多。

星斗
不過，突然說電壓就是電位差，也讓人感到困擾吧。

Hoshito's Note

電壓　電位差

$$V（伏特）^{*12} = J/C = kg\,m^2 s^{-3} A^{-1}$$

＊12：英文「volt」取自義大利科學家伏特（Alessandro Giuseppe Antonio Anastasio Volta；1745～1827）。

●電壓、電位差的單位相同

在地表附近存在高度差 Δh 時，位能差可表示為 $\Delta \Phi = mg\Delta h$，能量差值的單位是 [J]。而重力位勢差可表示為 $\Delta \Phi = g\Delta h$（單位是 [J/kg]）。

電場的情況也相同，若假設靜電位能差為 $\Delta \Phi$（單位是 [J]），則平均單位電荷的靜電位勢，也就是電位差，可如下表示（單位是 [J/C]）：

$$\Delta \phi = \frac{\Delta \Phi}{q}$$

這個電位差稱為電壓（voltage）。

雖然電壓的獨立單位是伏特：V（volt），但由上可知

$$1V = 1J/C$$

所以電壓與位能密切相關：

●位勢差與電壓的對應表

	重力	靜電力
物理量	質量　m [kg]	電荷量　q [C]
作用力	重力　$F = mg$ [N]	靜電力　$F = qE$ [N]
作用場	重力加速度　g [N/kg]	靜電場　E [N/C]
能量差	位能差　$\Delta \Phi$ [J]　　$\Delta \Phi = m\Delta \phi = mg\Delta h$	靜電位能差　$\Delta \Phi$ [J]　　$\Delta \Phi = q\Delta \phi$
位勢差	位勢差　$\Delta \phi$ [J/kg]　$\Delta \phi = \dfrac{\Delta \Phi}{m} = g\Delta h$	電位差：電壓　$\Delta \phi$ [J/C = V]　$\Delta \phi = \dfrac{\Delta \Phi}{q}$

明里
那麼，接下來要講磁場的磁位勢嗎？

老師
很遺憾，磁位勢過於難懂，我們直接來講電流。

60 電荷流動產生電流，但卻沒有磁荷流動

單位：A

老師

前面在電荷的部分有稍微提到電流和安培，現在終於要來講解這些概念了。

明里

1安培是在1秒鐘內流通1庫侖的電荷吧。哎！還是應該相反過來？

星斗

我記得安培是基本單位，庫侖是導出單位。

老師

沒錯。不過，現在是以電子電量來定義庫侖。電力、磁力果然比較複雜。

明里

對了，我記得還有分額定電流和容許電流。

老師

是的。粗略來說，容許電流是指電線在規格上可流通的最大電流，但一直承受最大電流可能發生危險，所以才另外制定可安全使用的額定電流。

Hoshito's Note

1A（安培）[13] ＝在1秒鐘內流通1庫侖電荷的電流單位

1C（庫侖）＝1安培的電流在1秒鐘內流通的電荷量

1C（庫侖）＝（目前定義）以電子電荷為測量基準，約 6.24×10^{18} 個（約600京個）電子所帶的總電荷量

電子電荷（基本電荷）＝約 1.6×10^{-19} 庫侖

---

[13]：英文「ampere」取自法國物理學家安培（André-Marie Ampère；1775～1836）。

●身邊常見的電力單位：安培

如同物體會從高處滾動到低處，電荷也會從高電位移動到低電位，這種電荷（電力）的流動就是電流（electric currrent）。

在國際單位制 SI 中，電流的單位是安培：A（ampere）。

$$1A = 1C/s$$

目前，庫侖是以電子電量（基本電荷）來定義數值，1 庫侖約為 600 京個電子所帶的總電量。

●斷路器跳脫時檢查配電箱

安培是日常生活中常用的電流單位，相較於庫侖單位，我們肯定更為熟悉安培，如平板電腦的額定電流為 15 安培等。下面再舉出一些安培的具體例子：

電視	2 安培左右
行動電源	2 安培左右
冰箱	2.5 安培左右
吹風機	12 安培左右
熨斗	14 安培左右
微波爐	15 安培左右
雷擊	1000～20 萬安培

然而，插入過多電器時，斷路器會自動跳脫。這些在插座上的電器屬於並聯連接，斷路器跳脫表示各電器的電流總和超過額定電流。此時，我們須要尋找家中的配電箱，扳起斷路器的開關。實際上，打開配電箱會發現裡頭有多個 20 安培左右的安全斷路器，以及一個 60 安培的主要斷路器。即便各個插座所接的電器都未超過額定電流，家中的電流總和也不允許超過 60 安培。這個主要斷路器相當於整體安全閥。

61 電流、電壓與電功率的關係

單位：A、V、W／公式：電流、電壓與電功率的式子

明里
我們平常就會用到電壓、電流啊。

星斗
日本家中的插座規格通常是 100 伏特、15 安培。

老師
日本的電壓採用剛剛好的 100 伏特，但許多國家與日本不同，也有 110 伏特、200 伏特等規格。

明里
對啊。每次出國旅行都要自備變壓器。

老師
很久以前去美國時，我直接使用 110 伏特的插座充電筆記型電腦，結果電腦變得非常燙，感覺不太安全。

明里
老師，您這樣不行喔。

老師
接著，我們來講電壓乘以電流等於電功率吧。

Hoshito's Note

V（伏特）= J/C = J/（As）= kg m^{2}s^{-3}A^{-1}
A（安培）= C/s
W（瓦特）= J/s
電功率[14] ＝電壓 × 電流

---

[14]：電功率（electric power）……平均單位時間所釋放（流通）的電能，在家電上又稱為耗電功率。

[15]：由於變數符號不夠使用，電壓如同前面採用 *E*。*E* 也是電場強度的變數符號，注意不要混淆了。

●電壓與電流的複習

電位差即電壓：E，單位是伏特 V（＝ J/C）[*15]。日本的家用電壓通常為 100 伏特。下面舉一些具體例子：

乾電池	1.5 伏特
行動電話	5 伏特左右
一般的乘用車	12 伏特
日本家用電源	100 伏特
雷擊	200 萬～ 10 億伏特

然後，電荷的流動即電流：I，單位是安培 A（＝ C/s）。

●電壓乘以電流等於電功率

電壓（位能差）和電流（電力的移動量）的乘積是平均單位時間的電能，稱為電功率：P（electric power）。已知能量的單位是焦耳 J，而電功率是平均單位時間的電能，故其單位應該是 J/s，也就是 W。我們來確認看看。

電壓的單位 V（＝ J/C）乘以電流的單位 A（＝ C/s），確實會是 V×A ＝ J/C×C/s ＝ J/s ＝ W。

電功率P[W（ ＝J/s）] ＝ 電壓E[V（ ＝J/C）]×電流I[A（ ＝C/s）]

電燈泡	100 瓦特左右
電視	300 ～ 500 瓦特
空調	300 ～ 3000 瓦特
吹風機	600 ～ 1200 瓦特
微波爐	1000 ～ 1400 瓦特

簡單的計算練習題（假設電壓為 100 伏特）：

· 已知電視的電流為 2 安培，其耗電功率是→ 100 V×2 A ＝ 200 W
· 耗電功率 400 瓦特的空調電流為 4 安培→電壓為 400 W÷4 A ＝ 100 V
· 耗電功率 1400 瓦特的微波爐電流是→ 1400 W÷100 V ＝ 14 A

62 注意！延長線不要插太滿

單位：Ω ／ 公式：歐姆定律

老師
你們知道為什麼要制定額定電流、容許電流嗎？

明里
為了防止火災發生啊。

老師
不，妳這樣跳太快了……

星斗
通電後，電源線會變熱，電腦的溫度也會升高。

老師
是的。電路流通電流時肯定會產生熱能，當流通的電流超過可承受量，就會發生異常升溫，造成導線融化甚至引發火災。

星斗
因為電路裡頭有所謂的電阻嘛。

明里
我記得電阻的單位是歐姆。

Hoshito's Note

Ω（歐姆）[16] = V/A = $kg\,m^2s^{-3}A^{-2}$

歐姆定律[17]：電壓＝電流 × 電阻

---

[16]：取自德國物理學家歐姆（Georg Simon Ohm；1789～1854）。

[17]：歐姆發表於 1826 年。據說，英國物理學家亨利・卡文迪許（Henry Cavendish）於 1781 年發現該定律，但他並未對外公開。

●大概都有聽過的歐姆定律

對導線施加電壓後便會流通電流，但不同導線的通電容易程度不盡相同，如細導線會比粗導線更難以通電。導線的材質也會對通電產生影響，如家用電線等會使用比較容易通電的銅線，電熱器會使用難以通電的鎳線。

導線的通電容易程度取決於電阻（electric resistance），其單位是歐姆 Ω（ohm）。當電阻 R 維持不變，電壓 E 會與電流 I 成正比，這個現象稱為歐姆定律（Ogm's law）。

電壓E［V（＝J/C）］＝電阻R［Ω］× 電流I［A（＝C/s）］

歐姆是 SI 導出單位，根據歐姆定律可知：

$$\Omega = VA^{-1} = JC^{-1}A^{-1} = Js^{-1}A^{-2} = kg\,m^2s^{-3}A^{-2}$$

各位不妨一個一個做轉換。

●歐姆定律的重點

導線通電後會因電阻而升溫，這種熱稱為焦耳熱，非常恐怖。

平均單位時間產生的焦耳熱，也就是導線本身的耗電量，可由電功率公式得知：

平均單位時間的發熱量P［W］＝電壓E［V］× 電流I［A］

然後，將電壓套用上述的歐姆定律：

平均單位時間的發熱量P＝電阻R×（電流I）^{2}

電阻固定的時候，發熱量會與電流的平方成正比。因此，一旦超過額定電流，導線就會異常地急遽升溫。

明里
電路有好多關係式，感覺好困難……

老師
唉呀！即便從單位來看，也相當得複雜。不過，至少要記住焦耳熱與電流的平方成正比。

63 通電後產生磁場

單位：N、A、Wb、m ╱ 定律：安培定律

明里
嗯……差不多要來講電力和磁力有什麼關係了吧？

老師
果然，我們不能夠個別討論電力、磁力啊。

星斗
若是個別討論，會感覺好像少了什麼。

老師
可是，光是個別討論電力、磁力，它們的單位就相當麻煩。現在若是將兩者結合起來，單位會變得更加混亂。唉呀！那就只講一點唷。

明里
具體來說呢？

老師
導線通電後會使磁針轉動，這是流通電流會產生磁場的緣故。

Akari's Note

I：電流
r：距離
H：磁場強度
安培定律：

$$H = \frac{I}{2\pi r}$$

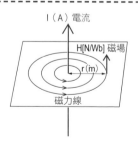

●安培定律

鎳線圈通電時會形成電磁鐵，這證明了電力和磁力密切相關。

法國物理學家安培將兩條導線平行排列，測量通電導線間的作用力大小。導線通電後周圍會形成磁場，安培發現電流產生的磁場性質與磁鐵的完全相同。安培於 1827 年正式公布數學式，這些性質後來稱為安培定律（Ampère's circuital law）。

●試著由單位推導安培定律

電力、磁力所牽涉的變數和單位眾多，且會以各種形式結合起來，故轉換時不僅辛苦而且容易感到混亂。試著盡可能縮小討論的要點，可能會比較好處理。

安培定律涉及到電流 I[A] 和磁場強度 H[N/Wb]。由磁荷單位 Wb = J/A 與 J = Nm，可知 Wb = Nm/A。因此，磁場強度的單位如下：

$$\frac{N}{Wb} = \frac{N}{Nm/A} = \frac{A}{m}$$

與電流的單位比較，可發現僅多了長度單位 m。電流和磁場之間存在距離 r，理所當然會多出長度單位。

換句話說，導線通電時的磁場強度 H [N/Wb] 與電流大小 I [A] 成正比，並與距離 r [m] 成反比：

$$H = \frac{I}{2\pi r}$$

這就是安培定律的本質（忽略係數）。

64 磁場變化會產生電流

單位：**N**、**A**、**Wb**、**m** / 定律：法拉第定律

星斗
感覺……沒有這麼單純。

老師
法拉第定律嗎？這相當麻煩啊！

明里
老師，我們再加油一下嘛。

老師
嗯……我想你們都有做過實驗。磁鐵在線圈中來回進出時，導線會產生電流。

明里
我沒有什麼印象耶（；；

老師
跟前面的現象相反，當周圍的磁場發生變化，導線會產生電流。由此也可知，電流和磁場息息相關。

Akari's Note

B：磁束密度

E：磁場強度

t：時間

(x, y, z) 空間座標

法拉第定律[18][19]：

$$\frac{\partial E_y}{\partial x} - \frac{\partial E_x}{\partial y} = -\frac{\partial B_z}{\partial t}$$

＊ 18：取自英國科學家麥可・法拉第（Michael Faraday；1791～1867）。

＊ 19：式中的符號 ∂ 表示時間、空間的變化。

●法拉第定律

既然電流會產生磁場，那磁場也應該會反過來生成電流。實際上，磁鐵棒在線圈內部來回進出時，導線會產生電流，這個現象稱為電磁感應（electromagnetic induction）。

磁場變化而產生電流這件事是法拉第於 1832 年所發現，所以這又被稱為 法拉第（電磁感應）定律（Faraday's law of electromagnetic induction）。

●試著由單位推導法拉第定律

相較於安培定律討論固定電流和磁場的關係，法拉第定律須要磁場發生變化，處理起來比較複雜。

乍看之下，可能會覺得影響法拉第定律的是磁場強度 H [N/Wb] 和電流 I [A]。然而，線圈導線感應的不是磁場強度本身，而是線圈橫切面的磁力線變化，故影響因素不是磁場強度 H，而是磁束密度 B [Wb/m^2]。另外，關於電力方面，影響因素也不是電流本身，而是引起電流 I 的電場強度 E[N/C]。

其中，電場強度的單位是 N/C = N/(As)。根據 Wb = J/A = Nm/A，可知磁束密度的單位會是 Wb/m^2 = N/(Am)。由於兩者的單位有些不一樣（s、m），這邊再加上表示變化的 Δ，電場強度的變化量 ΔE 除以空間的變化量 Δx，與磁束密度的變化量 ΔB 除以時間的變化量 Δt，兩者的單位都變成是 N/(Ams)。

$$\frac{\Delta E}{\Delta x}[\ \frac{N}{Ams}\ ] = \frac{\Delta B}{\Delta t}[\ \frac{N}{Ams}\ ]$$

換句話說，磁鐵棒在線圈（封閉電路）中來回進出時，可由法拉第定律得到大致的關係：「電路中的電場變化（電動勢）$\Delta E/\Delta x$，與通過該回路所圍成面積的磁束變化率 $\Delta B/\Delta t$ 成正比」。

65 庫侖定律係數背後的自然基本常數

常數：c、ε_0、μ_0

明里
嗯……我開始感到混亂了。

星斗
法拉第定律本來就比較複雜。

老師
唉呀！法拉第定律通常是用來表示磁束變化率和電動勢的關係，但我們也想把它與馬克斯威爾定律（Maxwell's equations）聯繫起來。

明里
我感覺更加混亂了。

老師
確實，這個部分比較難懂。那麼，最後來談談電磁力中比較簡單的內容吧。

星斗
什麼樣簡單的內容？

老師
光是一種電磁波，由電場與磁場交互作用產生的波動。另外，光速其實也藏在電磁力定律當中。

朝 Z 方向前進的電磁波

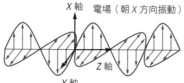

X 軸　電場（朝 X 方向振動）

Z 軸

Y 軸　磁場（朝 Y 方向振動）

Hoshito's Note

ε_0：真空電容率（$= 8.85 \times 10^{-12}\,\mathrm{C^2\,N^{-1}\,m^{-2}}$）

μ_0：真空磁導率（$= 1.26 \times 10^{-6}\,\mathrm{N A^{-2}}$）

c：真空光速（$= 3.0 \times 10^{8}\,\mathrm{m s^{-1}}$）

●電磁波是電場和磁場交互作用的波動

光被稱為電磁波（electromagnetic wave），是由電場與磁場交互作用所產生的波動。電流會產生磁場（安培定律）；磁場變化會產生電流（法拉第定律）。因此，當天線等導體流通交流電，電流變動會產生變動的磁場，而變動的磁場會進一步形成變動的電場。電場和磁場的變動會向周圍傳遞出去，形成所謂的電磁波（電波、光）。

●真空光速藏在電磁力定律當中

由於電磁波是電場和磁場形成的波動，故電場定律、磁場定律應該涉及到電磁波。具體來說，電磁力定律中應該藏有光速。下面就來尋找真空中的光速吧。

雖說感覺好像有些複雜，但其實並不困難。前面討論的電場、磁場定律，帶有具體數值的常數僅有真空電容率和真空磁導率。真空光速應該藏在這些常數裡頭。

我們試著跳過數值，先從單位來切入。

・真空電容率 ε_0 的單位：$C^2N^{-1}m^{-2}$

・真空磁導率 μ_0 的單位：NA^{-2}

・電容率和磁導率乘積 $\varepsilon_0\mu_0$ 的單位：$C^2m^{-2}A^{-2}$

代入 $C = As \rightarrow \varepsilon_0\mu_0$ 的單位：$A^2s^2m^{-2}A^{-2} = s^2m^{-2}$

取倒數 $\rightarrow 1/(\varepsilon_0\mu_0)$ 的單位：m^2s^{-2}

開根號 $\rightarrow 1/\sqrt{\varepsilon_0\mu_0}$ 的單位：$m\,s^{-1}$

推導出速度單位了。接著，代入數值：

$$\frac{1}{\sqrt{\varepsilon_0\mu_0}} = \frac{1}{\sqrt{8.85\times10^{-12}\times1.26\times10^{-6}}}\frac{m}{s} = \frac{1}{\sqrt{1.12\times10^{-17}}}\frac{m}{s} =$$

$$\frac{1}{\sqrt{(3.34)^2\times(10^{-9})^2}}\frac{m}{s} = \frac{1}{3.34\times10^{-9}}\frac{m}{s} = 3.00\times10^8\frac{m}{s}$$

計算結果跟真空光速一致。

描述大自然的美麗方程式

電磁力、重力等作用力場，以及時空結構和基本粒子運動，這些自然界的基本現象，都可描述成使用向量、張量的微分方程式。儘管這些方程式的意義不太容易理解（筆者也未全面了解），但我們還是來欣賞其美麗的式子吧。

【馬克斯威爾方程式】

描述電場和磁場交互作用的向量偏微分方程式（裡頭包含光速）：

$$\text{div}\, E = \nabla \cdot E = 4\pi\rho \qquad \text{rot}\, E = \nabla \times E = -\frac{1}{c}\frac{\partial B}{\partial t}$$

$$\text{div}\, B = \nabla \cdot B = 0$$

$$\text{rot}\, B = \nabla \times B = \frac{1}{c}\frac{\partial E}{\partial t} + \frac{4\pi}{c}J$$

【愛因斯坦方程式】

同時描述時空結構、質能分布的張量偏微分方程式（裡頭包含16個式子）

$$R^{ik} - \frac{1}{2}Rg^{ik} + \Lambda g^{ik} = \frac{8\pi G}{c^4}T^{ik}$$

【薛丁格方程式（Schrödinger equation）】

由量子力學描述原子內電子運動的波動方程式（因含有虛數單位i，故解也會是複數函數）

$$i\hbar\frac{\partial}{\partial t}\Psi = H\Psi = \left[-\frac{\hbar^2}{2m}\nabla^2 + V(r)\right]\Psi$$

【狄拉克方程式（Dirac equation）】

由相對論描述電子正電子運動的旋量方程式（完全看不懂了；笑）

$$i\hbar\partial_t\psi = (-ic\hbar\alpha \cdot \nabla + mc^2\beta)\psi$$

物理性質的
單位與定律

一質量、溫度、壓力、能量

本章將會整合有關物質的各種物理量,包括質量、溫度、壓力、能量等的單位與公式。過去覺得難以理解的莫耳,通過亞佛加厥常數定義數值,變得相對清晰。後面在計算平均分子量時有些投機取巧,希望專家們不要過於雞蛋裡挑骨頭。筆者以前就知道波茲曼常數變成定義值,但通過這次重新學習有了更深入的理解。關於氣壓、輻射壓的內容,一般須要運用熱力學定律、黑體輻射等高階技術來解釋,但其實僅由單位也意外地可推導出來,相當有趣。前面未推導的音速公式,這邊會以近似的方式處理。期望各位讀者能夠理解,廣義的能量守恆可解釋諸多現象。

66 描述物質的量並非僅有質量

基本常數：N_A／單位：莫耳

老師

那麼，最後一章我們來討論有關物質性質的單位、公式。首先，來談談物質量吧。

明里

嗯……物質的量不就是質量嗎？

老師

質量確實是描述物質的量，但還有其他表示個數、體積的量。

星斗

啊！接著要講亞佛加厥常數、莫耳。

老師

沒錯，正是如此。

明里

慘了！又是化學方面的內容。

Hoshito's Note

亞佛加厥常數 [1]　$N_A = 6.02214076 \times 10^{23}$ mol^{-1}（定義值）←「−1」意為「/mol」「每莫耳當中」。

莫耳 [2]　mol ＝粒子數量與 12 公克 ^{12}C（碳−12）所含原子數量相同的物質量

---

[1]：取自義大利科學家阿密迪歐・亞佛加厥（Lorenzo Romano Amedeo Carlo Avogadro；1776～1856）。

[2]：名稱來自分子（molecule）。

[3]：為了幫助理解，忽略原子核內中子數不同的同位素。

[4]：稱為氫原子的原子量（atomic weight）

●物質量重新定義後變得清晰

在國際單位制 SI 中，物質的基本單位是莫耳：mol（mol）。

測量原子、分子的量時，質量單位 kg 的尺度過大而難以使用。討論化學反應的時候，使用粒子個數會比質量來得方便。於是，人們決定以碳 ^{12}C 為基準，將 1 莫耳定義為粒子數量與 12 公克 ^{12}C（碳 –12）所含原子數量相同的物質量，亦即 1 莫耳含有 6.02×10^{23} 個粒子。

另一方面，亞佛加厥常數是 1 莫耳物質中所含的粒子數（6.02×10^{23} 個）。許多人學到這邊會感到混亂：「哎！1 莫耳究竟是什麼？」

請讀者不用擔心。莫耳跟基本電荷一樣，在 2018 年的國際度量衡大會上制定了新的定義，並於 2019 年 5 月開始運用。現在，亞佛加厥常數 N_A（Avogadro constant）的定義值如下：

$$\text{亞佛加厥常數} N_A = 6.02214076 \times 10^{23} \text{ mol}^{-1}$$

然後，以這個數值為基準，可如下明確定義莫耳：

$$1 \text{ mol} = \text{含有} 6.02214076 \times 10^{23} \text{ 個粒子的物質量}$$

● 1 莫耳的空氣有多少公克？[3]

1 莫耳的氫有 1 公克[4]；氮氣的成分為原子量 14 的氮，1 莫耳的氮分子 N_2 有 28 公克；氧氣的成分為原子量 16 的氧，1 莫耳的氧分子 O_2 有 32 公克[5]。那麼，1 莫耳的空氣有多少公克呢？已知空氣的成分比為氮：氧 = 4：1，故分子量的組成比例為 4/5：1/5，計算後得到 28.8 公克[6]：

$$28 \times \frac{4}{5} + 32 \times \frac{1}{5} = 28.8$$

＊5：稱為分子量（molecular weight）。

＊6：稱為空氣的平均分子量（mean molecular weight）。為了幫助理解，這邊忽略氬氣等稀有氣體。若加入其他氣體，1 莫耳的空氣有 29.0 公克。

各種不同的密度

物理量：質量密度、數量密度

老師

有關物質的量，我們也來稍微整理密度。

明里

密度……是指那個密度吧。

星斗

平均單位體積的質量。

老師

嗯……一般都會想到質量密度，但跟亞佛加厥常數一樣，有些情況計算個數會比較方便。

明里

對喔。

老師

除了物質的密度，我們還會討論平均單位體積的熱能量、平均單位體積的光（輻射）能量。

Hoshito's Note

物質密度 ρ ＝平均單位體積的物質質量 $[\text{kg/m}^3]$
數量密度 n ＝平均單位體積的物質粒子數 $[\text{個}/\text{m}^3]$
內能密度 U ＝平均單位體積的內能 $[\text{J/m}^3]$
輻射能密度 u ＝平均單位體積的輻射能 $[\text{J/m}^3]$

●質量密度與數量密度的關係

平均單位體積的質量，稱為質量密度或者密度（density），其符號記為 ρ，單位是 $[kg/m^3]$ 或者 $[g/cm^3]$。

物質	密度（g/cm^3）
空氣（常溫）	1.29×10^{-3}
冰（$0^\circ C$）	0.92
水（$4^\circ C$）	1.00
鐵	7.87
金	19.3

而平均單位體積的粒子個數，稱為數量密度（number density），其符號記為 n 或者 N，單位是 $[個/m^3]$ 或者 $[個/cm^3]$。

物質	數量密度（個/cm^3）
星際空間的氫氣	1 左右
空氣	2.69×10^{19}
水（常溫）	3.34×10^{22}

假設成分粒子的質量為 m，則質量密度與數量密度的關係如下（左右兩邊的單位相同）：

$$\rho = mm$$

下面試著使用空氣來驗證。

已知空氣的分子量為 28.8 公克，但這是亞佛加厥常數（6.02×10^{23}）的粒子質量。因此，每個空氣分子的平均質量如下：

$$m = 28.8g/（6.02 \times 10^{23} 個）= 4.78 \times 10^{-23} g/個$$

乘以空氣的數量密度，得到：

$$mn = 4.78 \times 10^{-23} g/個 \times 2.69 \times 10^{19} 個/cm^3 = 1.29 \times 10^{-3} g/cm^3$$

計算結果確實是質量密度。真是可喜可賀。

明里
嗯？還沒有講到能量密度，哪有可喜可賀。

有關物質狀態的基本常數

基本常數：k_B

老師

除了基本電荷、亞佛加厥常數，波茲曼常數也是最近被重新定義的常數。

明里

又是另一個妖怪……

老師

唉呀！雖然波茲曼常數不太為人所熟知，但卻是討論亞佛加厥數量的龐大粒子團時所需的常數[7]。

星斗

那麼，波茲曼常數被重新定義是為了什麼？

老師

它被重新定義是為了決定溫度的單位。

明里

不能直接定義水結凍時為 0℃、水蒸發時為 100℃嗎？

老師

攝氏溫度的定義須要考慮壓力等周遭環境。溫度方面的內容比較複雜，我們留到後面再來討論。現在，先稍微談談波茲曼常數吧。

Hoshito's Note

波茲曼常數 $k_B = 1.380649 \times 10^{-23}\,\mathrm{J\,K^{-1}}$
指數函數 e^x、e^{-x}（也可表示為 $\exp(x)$、$\exp(-x)$）

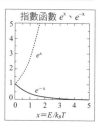

指數函數 e^x、e^{-x}

＊7：也須要使用熵的定義，但本書不深入討論。

＊8：其中，e^x、e^{-x} 是稱為指數函數的 x 函數，當 x 是較複雜的數學式，表示成 $\exp(x)$、$\exp(-x)$ 會比較容易理解。

●龐大數量的粒子分布也潛藏著世界的真理

這個世界由無數粒子（原子或者分子）所組成。即便是我們眼前的空氣，伸出雙臂就有亞佛加厥數量的空氣分子。從天空灑落的太陽光也含有無數的光子。

雖然這些粒子團看似雜亂無章，但它們其實遵循一定的規律。舉例來說，人的身高參差不齊似乎沒有條理，但將眾多人的身高畫成圖表後，肯定會在某處形成一個高峰，身高較高的人數會逐漸減少。這就是所謂的統計分布。

同樣地，雖然每個粒子的能量不盡相同，但從統計學的角度來看，能量高的粒子數會愈來愈少。具體來說，帶有能量 E 的粒子個數分布 $f(E)$ 會以指數函數的形式減少[*8]：

$$f(E) \propto e^{-\frac{E}{k_B T}} = \exp\left(-\frac{E}{k_B T}\right)$$

其中，分母各是波茲曼常數 k_B 和粒子團溫度 T。

●氣體分子團與光子團

假設分子質量為 m、飛行速度為 v，且動能公式為 $E = mv^2/2$，則氣體分子團的分布如下：

$$f(v) \propto \exp\left(-\frac{\frac{1}{2}mv^2}{k_B T}\right)$$

這是馬克士威爾－波茲曼分布（Maxwell–Boltzmann distribution）的一部分。

而在光子團中，光子的能量為 $E = hv$，故光子的分布如下：

$$f(v) \propto \exp\left(-\frac{hv}{k_B T}\right)$$

這是普朗克分布（Planck distribution）的一部分。

69 傳統的溫度定義其實很困難

單位：攝氏溫度、絕對溫度 / 概念：水的三相點

明里

接著，終於要來講溫度了。水的凝固點 0℃和沸點 100℃，但須要考慮壓力等環境因素，所以情況會變得很複雜。

星斗

那以 −273℃為基準點的絕對溫度呢？

老師

嗯……問題不在於基準點，而在於 1 度的溫度範圍。過去，我們是以水的三相點來決定溫度範圍。

Hoshito's Note

攝氏溫度 [℃] [9]：將水的凝固點 0℃和沸點 100℃之間，分成 100 等分的溫度單位。

絕對溫度 [K] [10]：將粒子完全靜止、熵等於零的理想極限定為 0 K 的溫度單位。絕對溫度的 1 個刻度大小與攝氏溫度相同。

攝氏溫度與絕對溫度的換算：

$T\,[℃] = t\,[℃] + 273.15$

水的三相點：固態冰、液態水和氣態水蒸氣的臨界點。溫度是 0.01℃（273.16 K）

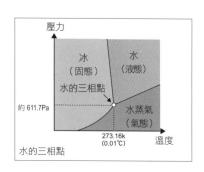

---

[9]：符號取自瑞典天文學者攝爾修斯（Anders Celsius；1701～1744），但由於電力單位已經有使用 C，故單位「℃」必須加上「°」。

[10]：符號取自克耳文勳爵（Lord Kelvin），本名為 W・湯姆森（William Thomson；1824～1907）。單位「K」不需要加上「°」。

●過去以水為基準的溫度單位

所謂的攝氏溫度（centigrade / Celsius）是以水的凝固點為 0℃、沸點為 100℃，並將兩點之間分成 100 等分的溫度單位。而絕對溫度（absolute temperature）是以粒子完全靜止、熵等於零的 −273.15℃ 為原點的的溫度單位，1 個刻度大小與攝氏溫度相同。攝氏溫度 [℃] 和絕對溫度 [K] 的換算如下：

$$T [K] = t [℃] + 273.15$$

須要注意的是，水的凝固點和沸點會受到壓力影響。因此，同時討論壓力、溫度兩因素時，固態水（冰）的區域、液態水的區域與氣態水（水蒸氣）的區域會交於一點 —— 水的三相點（triplepoint of water）。該點的溫度為 273.16 K（0.01℃），壓力約為 611.7 Pa（單位 Pa 稍後討論）。

在傳統的溫度單位中，1 個刻度大小定義如下：

溫度 1 度＝水的三相點溫度的 1/273.16

→接續下一小節

●各種不同的「溫度」

前面提到的「溫度」是以物質間傳遞的熱（熱能）來定義，稱為熱力學溫度。除此之外，還有以物質溫度上升時所釋放的熱輻射（電磁波）來衡量的溫度，稱為輻射溫度或者黑體溫度。水銀溫度計測量的是熱力學溫度，而最近常見的非接觸型紅外線溫度計，其測量的是輻射溫度。當物質的溫度上升到一定程度，熱力學溫度和輻射溫度會大致相同，但也存在不一樣的情況。例如，若測量藍天的輻射溫度，可能會得到高達 9000 K 的數值，但實際上不可能存在這樣的「溫度」。這種非熱輻射的輻射溫度，稱為色溫度或者亮度溫度。

70 現代的溫度定義其實也很難

常數：波茲曼常數

明里

接續前面溫度的內容，終於要來講波茲曼常數與溫度的關係了。

老師

終於到這個部分了。話說，你們還記得質量的單位嗎？

星斗

我記得是……要先定義普朗克常數，再決定能量的單位，接著才能夠得到質量的單位。

老師

沒錯。這種牽一髮而動全身的連鎖關係相當麻煩。

明里

那麼，由波茲曼常數推導溫度單位也很麻煩囉？

老師

正是如此。你們可要做好心理準備。

Hoshito's Note

波茲曼常數[11] $k_B = 1.380649 \times 10^{-23} \, \text{J K}^{-1}$（定義值）

---

* 11：取自奧地利科學家路德維希・波茲曼（Ludwig Eduard Boltzmann；1844～1906）。

●由波茲曼常數推導現代的溫度單位

在傳統溫度單位中，1 個刻度大小定義為水的三相點熱力學溫度的 273.16 分之 1。這是一個相當不錯的定義，但它受到水這個特定物質所影響，不太妥當。

有鑑於此，在 2018 年的國際度量衡大會上，溫度單位也被重新定義，並於 2019 年 5 月開始實施。波茲曼常數 k_B（Boltzmann constant）的定義值如下：

$$波茲曼常數 k_B = 1.380649 \times 10^{-23} \text{ JK}^{-1}$$

然後，再以該值為基準來決定溫度。

換句話說，將上述數學式改寫成：

$$1K = \frac{1.380649 \times 10^{-23} \text{J}}{k_B}$$

由於能量的單位已經確定是焦耳，只要測量任意具有溫度的物質的能量，就可使用上述公式決定溫度大小。這裡的重點是「任意」，並不局限於特定物質。

●嘗試討論 $k_B T$ 的單位

在必須使用波茲曼常數的情況下，眾多粒子的數量分布 $f(E)$ 可如下表示：

$$f(E) \propto e^{-\frac{E}{k_B T}} = \exp\left(-\frac{E}{k_B T}\right)$$

試問分母 $k_B T$ 的單位為何？

$$k_B T \text{ 的單位} = \text{J}$$

波茲曼常數乘以溫度後，得到的是能量單位的焦耳。在這樣的粒子分布中，指數部分的分母 $k_B T$ 表示眾多粒子的平均能量。

71 氣象新聞中常聽見的百帕是壓力單位

單位：**Pa、hPa**

老師
你們知道百帕（hectopascal）這個單位嗎？

明里
它是氣壓的單位吧。這次的內容感覺會比較輕鬆。

星斗
它的英文前面加上「hecto」，可知 1 百帕等於 100 帕。

老師
帕是壓力單位，可用來測量氣壓、水壓。

星斗
我記得……1 大氣壓約為 1013 百帕。

明里
天氣不好的時候，氣壓會下降到約 1000 百帕吧。

星斗
氣壓約 950 百帕的颱風相當強烈。

老師
颱風的強度是由最大風速來決定，但中心氣壓愈低，最大風速通常也會愈快。

Hoshito's Note

1 Pa（帕）^{*12} = 1 N m^{-2}（平均單位面積的壓力）
1 大氣壓 = 1013.25 hPa = 101325 Pa

＊ 12：取自以帕斯卡原理、「人是一根會思考的蘆葦」等聞名的法國科學家布萊茲・帕斯卡（Blaise Pascal）。

●令人熟悉的壓力單位——帕

在國際單位制 SI 中，壓力[13] 的單位是帕：Pa（pascal）。

$$1Pa = 1Nm^{-2} = 1kgm^{-1}s^{-2}$$

帕是具有獨立符號的 SI 導出單位。氣象新聞常聽見的是百帕：hPa（ = 100 Pa），英文「hectopascal」前綴了表示 100 的「hecto-」。1 大氣壓約為 1000hPa，亦即約 10 萬帕。

●水深 10 公尺的壓力是 2 大氣壓

各位有聽過水深 10 公尺的壓力是 2 大氣壓嗎？已知壓力是平均單位面積的受力，下面來試著驗證計算。

首先，假想在距離水面 10 公尺深處有一塊單位面積的薄版，將水面到薄版之間視為一個面積 1 平方公尺、高 10 公尺的四角柱。將四角柱內的水體積 10 立方公尺乘以水的密度（1 g/cm^3 = 10^3 kg/m^3），得到四角柱內的水質量為 10^4 公斤（亦即 10 公噸）。然後，將該質量乘以重力加速度 g（ = 9.8 m/s^2），可知該水質量承受的重力約 10^5 kg m/s^2 = 約 10^5 N。由於該力作用於 1 平方公尺上，故壓力會是 10^5 N/m^2 = 10^5 Pa，也就是約等於 1 大氣壓。加上水面上的大氣壓，最後的總壓力為 2 大氣壓。

老師
對了，天氣轉壞的前幾天，你們會感到腸胃不舒服或者身體不適嗎？

明里
哎！完全沒有耶！啊！該不會是氣象病？

老師
年輕真好……

＊ 13：雖然壓力（press）帶有「力」，但它是指平均單位面積的受力 [N/m^2]，跟一般的力 [N] 有所不同。壓力是平均單位面積的受力，故稱為面積力，一般的力則稱為體積力。

72

以空氣流動產生的風壓測量飛機的速度

物理量：風壓（動壓）

老師
汽車的速度可由車輪的旋轉次數來測量，但飛在天上的飛機又該怎麼測量速度呢？

明里
那當然是使用雷達啊！

老師
這麼說是也沒有錯。使用雷達可測量相對於地面的地速，但如果高空的空氣出現流動，要如何測量相對於空氣的空速呢？

星斗
老師希望我們用壓力來回答吧。

老師
沒錯。領會得真快。

明里
老師又在迂迴地引導思考了。

老師
哈哈！我們就來談空氣流動產生的壓力吧。

Akari's Note

地表附近的空氣密度　$1.29 \times 10^{-3}\,g/cm^3 = 1.29\,kg/m^3$

高度 10 公里附近的空氣密度　$0.41\,kg/m^3$

噴射客機的速度　900 km/h 左右 = 250 m/s

風壓（動壓）　ρv^2

●空氣流動也會產生壓力

一般的氣壓、水壓是指，空氣、水處於靜止狀態時平均單位面積的受力。若想要明確表示靜止狀態，可以稱之為靜壓（static pressure）或者靜水壓（hydrostatic pressure）。

另一方面，空氣流動（颶風）也會產生壓力，稱為風壓（wind pressure）或者動壓（dynamic pressure）[15]。

雖然風壓也會受到溫度影響，但我們先試著使用空氣的密度 ρ [kg m^{-3}] 和速度 v[m s^{-1}]，組合出壓力 P[Pa=N m^{-2} $=$ kg m^{-1} s^{-2}] 的單位。實際上我們可以直接觀察出來。

$$\rho\, v^2$$

這個組合會得到壓力的單位，可知風壓與風速的平方成正比。

舉例來說，噴射客機在高度 10 公里附近，以約 900 km/h（250 m/s）的速度飛行。已知高度 10 公里附近的空氣密度約 0.41 kg/m^3，則動壓約為 2.6×10^4 Pa（$\sim$ 0.26 大氣壓）。

●使用靜壓與動壓測量噴射機的速度

空氣流動時會同時產生動壓和靜壓，而沿著空氣流動的全壓則維持不變：

$$全壓 = P + \rho\, v^2 = 固定值$$

當飛機迎向空氣流動，前端正面會承受全壓（動壓＋靜壓），而通過流動的側面僅會承受靜壓，透過兩者的差值便可以得知動壓。接著計算該高度的空氣密度，就可以推估相對於空氣的飛機速度。

※ 14：除了靜水壓，空氣（氣體）也有靜氣壓的說法。

※ 15：由軍艦前端撞擊用武裝的衝角（ram），又稱為衝壓力（ram pressure）。

73

也來試著思考一下光的壓力吧

公式：光壓（輻射壓、放射壓）

老師
空氣的氣壓、水裡的水壓等等，各種物質都會產生壓力。

星斗
地底也會承受壓力。

老師
沒錯。固體不容易對外產生壓力，但物質本身是會承受壓力

明里
老師就趕快講物質以外的壓力啦。

老師
讓我賣一下關子吧。唉呀！我是要講物質以外的壓力。光既可說是電磁波也可說是光子，我們接著就來談光產生的壓力吧。

Hoshito's Note

光速　$c = 3.00 \times 10^8 \text{m/s}$

普朗克常數　$h = 6.63 \times 10^{-34} \text{Js}$

波茲曼常數　$k_B = 1.38 \times 10^{-23} \text{JK}^{-1}$

光子能量　$E = h\nu$

光子的普朗克分布（一部分）　$f(\nu) \propto \exp\left(-\dfrac{h\nu}{k_B T}\right)$

光的壓力[*16]　$P_{\text{rad}} = ??$

※ 16：光的壓力可稱為光壓（light pressure）、輻射壓或者放射壓（radiation pressure），符號的下標取自 radiation。

●筆者也是第一次推導光壓（笑）

　　大學的教科書通常是以嚴謹的數學式，理論地推導光的壓力和光子的分布（普朗克分布）。然而，我們在這邊遵循本書的宗旨，試著以單位、常數等來推導。

　　由於是討論光的現象，理所當然與光速 c 相關。然後，已知光子的能量為 $h\nu$，感覺也與普朗克常數有關。而光子的分布涉及波茲曼常數 k_B。不過，這些常數只能夠導出固定的值，我們還需要決定壓力高低的變數。影響光子分布的還有光的頻率 ν 和溫度 T，但由於每個光子的頻率有所不同，故感覺選擇可作為整體指標的溫度 T 來討論會比較恰當。下面試著列出這些常數、變數的單位：

> 光速 c 的單位：ms^{-1}
>
> 普朗克常數 h 的單位：Js
>
> 波茲曼常數 k_B 的單位：JK^{-1}
>
> 溫度 T 的單位：K

看起來似乎有點棘手⋯⋯

　　由於最後不需要溫度的單位，故先組合 k_B 和 T：

> $k_B T$ 的單位：J

　　接著，組合光速 c 和普朗克常數 h 來消去 s：

> hc 的單位：Jm

　　而壓力的單位是 $\mathrm{Pa} = \mathrm{N\,m}^{-2} = \mathrm{J\,m}^{-3}$（$\mathrm{J} = \mathrm{N\,m}$）。各位看出來了嗎？我們需要如下組合，才能夠得到壓力的單位 $\mathrm{Pa} = \mathrm{J\,m}^{-3}$：

$$\frac{(k_B T)^4}{(hc)^3} = \frac{k_B^4}{h^3 c^3}T^4$$

由此可知，光壓會與溫度的四次方成正比。

　　加上正確的係數後，可如下表示（a 稱為輻射常數）：

$$P_{rad} = \frac{1}{3}aT^4 \quad 其中 \quad a = \frac{8\pi^5 k_B^4}{15 h^3 c^3} = 7.56 \times 10^{-16}\,\mathrm{J\,m}^{-3}\,\mathrm{K}^{-4}$$

→具體的計算留到後面討論。

74

也試著思考一下氣體壓力的表達方式吧

公式：理想氣體的狀態方程式

老師
雖然前後順序顛倒了，但空氣等氣體的壓力，其實也可以溫度等變數來表達。

星斗
也就是波以耳－查理定律（Boyle-Charles's Law）吧。

明里
哇！又是化學？

老師
實驗上需要使用波以耳－查理定律，但我們是由單位切入討論，不用擔心太過困難。壓力、密度和溫度的關係式通常稱為狀態方程式，而這次討論的是粒子無限小且沒有交互作用的理想氣體，所以稱為理想氣體的狀態方程式。

Akari's Note

n：數量密度
k_B：波茲曼常數
T：溫度

理想氣體的狀態方程式　$P = nk_BT$

R_g：氣體常數 （$= 8.31\,\mathrm{Jmol^{-1}K^{-1}}$）
ρ：（質量）密度
μ：平均分子量
T：溫度

理想氣體的狀態方程式　$P = \dfrac{R_g}{\mu}\rho T$

●理想氣體的狀態方程式之一

理想氣體（ideal gas）是由無限小且沒有交互作用的粒子組成的氣體。下面來討論理想氣體的壓力、密度和溫度的關係式——狀態方程式（equation of state）。

首先，我們知道壓力 P 的單位是 Pa = N m^{-2} = J m^{-3}。然後，波茲曼常數和溫度的乘積 k_BT 是粒子分布的平均能量，再乘以數量密度 n [個 /m^3] 的 nk_BT 會是單位體積中全部粒子的能量，其單位跟壓力同樣是 [J/m^3]。換句話說，理想氣體的壓力、（數量）密度和溫度的狀態方程式，可如下表示：

$$P = nk_BT$$

●理想氣體的狀態方程式之二

若將數量密度 n 改為質量密度 ρ ，則狀態方程式會變得如何呢？

假設成分粒子的平均質量為 m，則質量密度和數量密度的關係式如下：

$$\rho = mm$$

代入上述的狀態方程式，可得到：

$$P = nk_BT = \frac{k_B}{m}mnT = \frac{k_B}{m}\rho T = \frac{N_Ak_B}{N_Am}\rho T$$

等號最右邊是分母分子同時乘以亞佛加厥常數。分母的 N_Am 是質量 m 的粒子聚集亞佛加厥數量，也就是平均分子量 μ [g mol^{-1}]，若將分子的 N_Ak_B 定義為氣體常數（gas constant）：

$$R_g \equiv N_A k_B = 8.31\text{JK}^{-1}\text{mol}^{-1}$$

則理想氣體的狀態方程式，可如下表示：

$$P = \frac{R_g}{\mu}\rho T$$

→具體的計算留到後面討論。

75

其他情況的氣壓與輻射壓

公式：氣壓、光的壓力（輻射壓）

老師

前面推導了理想氣體壓力（氣壓）和光壓力（輻射壓）的公式，你們覺得如何呢？

星斗

我了解了可由單位推導公式，光看數學式反而不太能夠領會背後的意義。

明里

對啊。如果像計算水壓一樣，計算其他情況的壓力不曉得會如何？

Hoshito's Note

氣體常數　　$R_g = 8.31\,\mathrm{Jmol^{-1}K^{-1}}$

輻射常數　　$a = 7.56 \times 10^{-16}\,\mathrm{Jm^{-3}K^{-4}}$

地表壓力　$P = 1$ 大氣壓 $= 1013.25\,\mathrm{hPa} = 101325\,\mathrm{Pa}$

地表的空氣密度　$\rho = 1.29\,\mathrm{kgm^{-3}}$

地表溫度　$T = 300\,\mathrm{K}$

空氣的平均分子量　$\mu = 28.8\,\mathrm{gmol^{-1}}$

太陽中心的密度　$\rho = 1.56 \times 10^5\,\mathrm{kgm^{-3}}$

太陽中心的溫度　$T = 1.55 \times 10^7\,\mathrm{K}$

太陽中心的平均分子量　$\mu = 0.833\,\mathrm{gmol^{-1}}$（氫與氦）

50 個太陽質量的星體中心的密度　$\rho = 2.50 \times 10^3\,\mathrm{kgm^{-3}}$

50 個太陽質量的星體中心的溫度　$T = 4.00 \times 10^7\,\mathrm{K}$

50 個太陽質量的星體中心的平均分子量　$\mu = 0.833\,\mathrm{gmol^{-1}}$

＊17：氫（原子量 1）和氦（原子量 4）組成的平均分子量應該會超過 1，但由於游離電子增加了數量密度，造成最後的平均分子量小於 1。

●先來確認地球的大氣壓

已知地表的空氣密度為 $\rho = 1.29$ kg m^{-3}、溫度為 $T = 300$ K，以及空氣的平均分子量為 $\mu = 28.8$ g mol^{-1}。令氣體常數為 $R_g = 8.31$ J mol^{-1} K^{-1}，根據理想氣體的狀態方程式，可得出以下結果：

$$\frac{R_g}{\mu} \rho T = \frac{8.31 \text{Jmol}^{-1} \text{K}^{-1}}{28.8 \times 10^{-3} \text{kgmol}^{-1}} \times 1.29 \text{kgm}^{-3} \times 300 \text{K} = 1.12 \times 10^5 \text{Pa}$$

計算結果幾乎等同於 1 大氣壓。

●嘗試比較太陽中心的氣壓與輻射壓

已知太陽中心的密度為 $\rho = 1.56 \times 10^5$ kg m^{-3}、溫度為 $T = 1.55 \times 10^7$ K，以及平均分子量為 $\mu = 0.833$ g mol^{-1}。根據理想氣體的狀態方程式，可以得出以下結果：[*17]

$$P = \frac{R_g}{\mu} \rho T = \frac{8.31 \text{Jmol}^{-1} \text{K}^{-1}}{0.833 \times 10^{-3} \text{kgmol}^{-1}} \times 1.56 \times 10^5 \text{kgm}^{-3} \times 1.55 \times 10^7 \text{K}$$
$$= 2.41 \times 10^{16} \text{Pa}$$

而根據輻射壓力的公式（輻射常數 $a = 7.56 \times 10^{-16}$ J m^{-3} K^{-4}），可以得出以下結果：

$$P_{\text{rad}} = \frac{1}{3} aT^4 = \frac{1}{3} \times 7.56 \times 10^{-16} \text{Jm}^{-3} \text{K}^{-4} \times (1.55 \times 10^7 \text{K})^4 = 1.45 \times 10^{13} \text{Pa}$$

輻射壓約為氣壓的 1/1000。

● 50 個太陽質量的星體中心又如何呢？

接著，試著討論遠重於太陽的星體。已知星體的質量為 50 個太陽質量，其中心密度為 $\rho = 2.50 \times 10^3$ kg m^{-3}、溫度為 $T = 4.00 \times 10^7$ K，以及平均分子量為 $\mu = 0.833 \times 10^{-3}$ kgmol^{-1}。

$$P = \frac{R_g}{\mu} \rho T = \frac{8.31 \text{Jmol}^{-1} \text{K}^{-1}}{0.833 \times 10^{-3} \text{kgmol}^{-1}} \times 2.50 \times 10^3 \text{kgm}^{-3} \times 4.00 \times 10^7 \text{K} = 9.98 \times 10^{14} \text{Pa}$$

$$P_{\text{rad}} = \frac{1}{3} aT^4 = \frac{1}{3} \times 7.56 \times 10^{-16} \text{Jm}^{-3} \text{K}^{-4} \times (4.00 \times 10^7 \text{K})^4 = 6.45 \times 10^{14} \text{Pa}$$

輻射壓與氣壓差不多。

76 再次討論音速

公式：音速公式

老師

談完壓力、密度、溫度後，終於要來計算前面的作業了。

明里

我們要計算空氣中的音速吧。

星斗

音速＝ 331.5 ＋ 0.6t m/s 是近似式。

老師

沒錯。我們先來做點事前準備。x 遠小於 1 時，$\sqrt{1 + x}$ 會怎麼近似呢？

星斗

這要使用二項式展開吧？

老師

這邊試著不使用二項式展開。我們先假設 $\sqrt{1 + x} = 1 + ax$ 再兩邊做平方：

$$1 + x = 1 + 2ax + a^2x^2 \sim （約為）1 + 2ax$$

其中，由於 x 遠小於 1，故 x^2 小到可以忽略。比較等號兩邊可知，$a = 1/2$。換句話說，x 遠小於 1 時，我們可如下做近似：

$$\sqrt{1 + x} \sim （約為）1 + \frac{1}{2}x$$

Akari's Note

γ：比熱比（空氣的數值為 7/5）

音速 V 的公式：

$$V = \sqrt{\gamma \, \frac{R_g}{\mu} T}$$

●嚴謹的音速公式

在空氣等氣體（理想氣體）中，音波速度會受到氣體的壓力 P、密度 ρ、溫度 T 所影響。由前面討論動壓（風壓）時的內容，可知 P/ρ [N m^{-2} kg^{-1} m^3 = m^2 s^{-2}] 是速度的平方單位。我們可適當移項理想氣體的狀態方程式，來獲得速度的平方單位：

$$\frac{P}{\rho} = \frac{R_g}{\mu} T$$

換句話說，這個式子就是音速的平方。

假設空氣中的音速為 V，則嚴謹的音速公式如下：

$$V = \sqrt{\gamma \frac{R_g}{\mu} T}$$

其中，γ 是稱為比熱比的物理量，空氣的數值為 7/5。舉例來說，當溫度（絕對溫度）為 288 K（15℃），

$$V = \sqrt{\gamma \frac{R_g}{\mu} T} = \sqrt{\frac{7}{5} \times \frac{8.31}{28.8 \times 10^{-3}} \times 288} = 341 \text{m/s}$$

確實可得出音速約為 340 m/s。

●以攝氏溫度表示絕對溫度，再轉化為近似式

接著，將嚴謹公式中的絕對溫度 T 換成攝氏溫度 t，可得到以下表達式（最後代入常數進行計算）：

$$V = \sqrt{\gamma \frac{R_g}{\mu} T} = \sqrt{\gamma \frac{R_g}{\mu}(273.15 + t)} = \sqrt{\gamma \frac{R_g}{\mu} \times 273.15 \times \left(1 + \frac{t}{273.15}\right)}$$

$$= \sqrt{\gamma \frac{R_g}{\mu} 273.15} \times \sqrt{1 + \frac{t}{273.15}} = 332.3 \text{m/s} \times \sqrt{1 + \frac{t}{273.15}}$$

這是比較嚴謹的公式。

然後，我們假設 $x = (t/273.15)$ 來做近似，可得到：

$$V = 332.3 \frac{\text{m}}{\text{s}} \times \sqrt{1 + \frac{t}{273.15}} \sim 332.3 \times \left(1 + \frac{1}{2} \frac{t}{273.15}\right) = 332.3 + 0.6t \left[\frac{\text{m}}{\text{s}}\right]$$

雖然數值略有差異，但還請各位見諒。

第6章 物理性質的單位與定律──質量、溫度、壓力、能量

計算氣體、光的能量密度

公式：內能密度、輻射能密度

老師
音速的近似是否有些困難？

星斗
確實有一點，但比二項式展開簡單得多。

明里
為什麼最後得到的數值有些不同？

老師
嗯……前面在計算空氣的平均分子量時只考慮了氮和氧。實際上，空氣中還含有氬（原子量 39.9）等稀有氣體，如果全部納入計算，空氣的平均分子量會是 29.0，比熱比也會稍微不同。

明里
要注意的細節還真多。

老師
唉呀！因為要計算三位有效數字。

明里
好吧。話說回來，我們還沒有討論能量密度耶。

老師
那麼，我們來談內能、光能等相對簡單的內容。

Hoshito's Note

內能密度 U ＝平均單位體積的內能 $[J/m^3]$
輻射能密度 u ＝平均單位體積的輻射能 $[J/m^3]$

＊ 18：這是包含壓力作功的公式。

●平均單位體積的氣體能量：內能密度

物質內部所蘊含的能量，稱為內能（internal energy）。平均單位體積的內能，稱為內能密度。

現在，我們要來討論理想氣體的內能 U，但這其實在前面已經提過。大家還記得壓力 P 的單位 $[Nm^{-2} = Jm^{-3}]$ 吧。這個單位不正是平均單位體積的能量嗎？

$$U = \frac{\gamma}{\gamma - 1} P$$

這是理想氣體的內能公式（γ 稱為比熱比，其數值大約為 1）[*18]。壓力 P 和內能 U 的單位相同且數值也相近，或許有些讀者會感到疑惑。不過，當氣體的密度、溫度愈高，會對周圍產生愈大的壓力，內部的能量也會相對增加。這麼一想就不會覺得奇怪了。

另外，平均單位體積的內能 E，可如下表示：

$$E = \frac{\gamma}{\gamma - 1} \frac{P}{\rho} = \frac{\gamma}{\gamma - 1} \frac{R_g}{\mu} T$$

內能 E 大致與音速的平方、溫度成正比。

●平均單位體積的光能：輻射能密度

同樣地，輻射能密度（radiation energy density），亦即平均單位體積的光能 u，也大致會是輻射壓。

$$u = 3P_{rad} = aT^4$$

輻射壓 P_{rad} 恰好為 1/3 的輻射能密度 u，是因為光子以光速朝 xyz 三個方向飛行而產生壓力。這樣想便可看出一點物理意義。

能量密度的具體計算幾乎與壓力相同，各位可自行回顧前面的內容。

78 噴射引擎與太陽風的速度

公式：廣義的能量守恆定律（之一）

老師

世界真理的源頭大概就是守恆定律和對稱性，另外還有因果律、最小作用量原理。

星斗

還有質能守恆定律和能量守恆定律。

明里

老師提到的對稱性是指什麼？

老師

其實前面已經提過，像是正電荷和負電荷、N 極和 S 極、電力和磁力等。

星斗

還有粒子和反粒子。

老師

此外，從根本上來說，任何空間的不同部分都具有相同的性質。這個特性稱為平移對稱性（translation symmetry），與動量守恆定律有關。

明里

這樣舉例下來，感覺都是理所當然的事情。時間也是一樣的情況嗎？

老師

是的。時間的均勻流逝確保了能量守恆定律。
總之，接著來討論噴射引擎和太陽風吧。

Akari's Note

廣義的能量守恆定律：
動能＋位能＋內能＝固定值

●涵蓋內能的能量守恆定律

忽略熱能的時候，動能和位能的總和維持不變（力學能量守恆定律）。這樣說來，若將熱能等所有能量納入考慮，則整個系統的能量總和會維持不變。

就理想氣體而言，平均單位質量的動能（$v^2/2$）、平均單位質量的位能（位勢能 $\phi = -GM/r$、gh），以及平均單位質量的內能 $\left(\dfrac{\gamma}{\gamma-1} \dfrac{P}{\rho} = \dfrac{\gamma}{\gamma-1} \dfrac{R_g}{\mu} T \right)$ 會滿足下式：

$$\frac{1}{2} v^2 + \phi + \frac{\gamma}{\gamma-1} \frac{R_g}{\mu} T = E \text{（固定值）}$$

這就是廣義的能量守恆定律。

●噴射引擎的排氣速度

若忽略噴射引擎等的位能，則燃燒室的氣體內能等於排氣的動能，可如下表示（省略一次項的係數）：

$$v^2 + 0 + 0 \text{（排氣）} = 0 + 0 + \frac{R_g}{\mu} T \text{（燃燒室）} = E \text{（固定值）}$$

已知燃燒室的燃燒溫度約為 $1300°C = 1600$ K，代入空氣的平均分子量（28.8×10^{-3} kg/mol），可得到排氣速度約為 1000 m/s。

●太陽風的速度

太陽表面會噴出高達 400 km/s 的高溫電漿流 —— 太陽風（solar wind）。已知太陽風源頭的日冕層溫度約 100 萬 K，若我們忽略位能，則可得到：

$$v \sim \sqrt{\frac{R_g}{\mu} T} = \sqrt{\frac{8.31}{1 \times 10^{-3}} \times 10^6} = 9.12 \times 10^4 \frac{\text{m}}{\text{s}} = 91 \text{ km/s}$$

最後的結果不符合預期。這是因為太陽風的比熱比約為 $\gamma = 1.05$，請加入係數修正計算結果。

79 地球大氣的厚度與太陽中心的溫度

公式：廣義的能量守恆定律（之二）

星斗
因果律是指存在某種原因，導致特定結果的關係吧。

老師
是的。我們不討論無中生有、時光旅行等特殊情況。

明里
那麼，最小作用量原理又是什麼？

老師
最小作用量原理很難簡單描述，若硬要用一句話來解釋，就是大自然傾向以最節省、最合理的方式運行。例如，物體不會無故移動，靜止是最省能的狀態；物體移動時會選擇最短路徑。存在重力等作用力的時候，會朝著消耗能量最少的路徑移動，不做任何浪費。

星斗
人保持安靜時，不會消耗多餘能量。

明里
不對，人保持安靜時也會感到肚子餓。

老師
總之，接著來討論地球大氣的厚度和太陽中心的溫度。

Akari's Note

廣義的能量守恆定律：

動能＋位能＋內能＝固定值

$$\frac{1}{2}v^2 + \phi + \frac{\gamma}{\gamma-1}\frac{R_g}{\mu}T = E \text{（固定值）}$$

●地球大氣的厚度

討論非運動狀態的理想氣體時，廣義的能量守恆定律如下：

$$\phi + \frac{\gamma}{\gamma - 1}\frac{R_g}{\mu}T = E \text{（固定值）}$$

試著以該定律計算乍看之下沒有關聯的物理量。

代入地表附近的位能 $\phi = gh$，可得到：

$$gh + \frac{\gamma}{\gamma - 1}\frac{R_g}{\mu}T = E \text{（固定值）}$$

假設地表的高度為 $h = 0$、上層的溫度為 $T = 0$，可得到（左邊為上層、右邊為地表）：

$$gh + 0 = 0 + \frac{\gamma}{\gamma - 1}\frac{R_g}{\mu}T \quad \text{亦即} \quad h = \frac{\gamma}{\gamma - 1}\frac{R_g}{\mu}\frac{T}{g}$$

代入地表附近的空氣數值，可得到：

$$h = \frac{7/5}{\frac{7}{5} - 1}\frac{8.31}{28.8 \times 10^{-3}}\frac{300}{9.8} = 3.09 \times 10^4 \text{m} = 31\text{km}$$

實際上，對流層高約 10 公里，平流層高約 50 公里。

●太陽中心的溫度

若是討論太陽中心的情況，則將重力位能表達為 $-GM/R$，可得到：

$$-\frac{GM}{R} + \frac{\gamma}{\gamma - 1}\frac{R_g}{\mu}T = E \text{（固定值）}$$

為了簡化計算，假設太陽中心僅含有氫（$\gamma = 5/3$；$\mu = 1 \times 10^{-3}$ kg/mol）。代入太陽質量 $M = 2 \times 10^{30}$ 公斤、太陽半徑 $R = 70$ 萬公里，可得到：

$$T = 0.92 \times 10^7 \text{ K}$$

計算結果約等於 1000 萬凱式溫度。

老師

藉由巧妙運用能量守恆定律，我們也能夠推估太陽中心的溫度（一臉自豪）。

嘗試計算各種物理量來當作複習吧

空氣分子的數量、光子的數量

老師

自然界就仿佛是統御世界真理的神所創造出的一座無限迷宮。
世間萬物的運作機制和原理，早已存在於這座迷宮之中。

明里

除了女孩子與美酒，老師也喜歡電玩遊戲吧。

老師

我才講到一半，別中途打斷啊。嗯……我原本想要講什麼？

明里

最近，老師好像愈來愈健忘了？

星斗

好了，別再糗老師了。

老師

哈哈。歷史上的前輩們努力解開這深奧的迷宮機制和原理，並
將公式、定律記錄於文獻傳承給後人。這一次，我們沒有使用
任何高等技術（魔法），只拿著單位這個初期裝備（等級1）
的武器，追尋前人智慧的足跡。

明里

哇！這支木棒（等級1）意外地好用。

星斗

嗯！手上這把武器（等級1）練久了，也會變成強而有力的王
者之劍。

老師

喔！你們真是有默契。

●大氣中的空氣分子總數

最後，試著推估幾個物理量來當作複習。

首先，簡單估算一下大氣中的空氣分子總數。

已知大氣的空氣密度為 ρ（$= 1.29 \text{ kg m}^{-3}$）、高度為 h（$= 10$ km）、表面積為 $4\pi R^2$（$R = 6400 \text{ km}$），則總質量 M 如下：

$$M = 4\pi R^2 h\rho = 4\pi\,(6.4\times10^6\text{m})^2\times10^4\text{m}\times1.29\text{kgm}^{-3} = 6.64\times10^{18}\text{kg}$$

接著，除以 1 個空氣分子的平均質量 m（$=$ 平均分子量 29 $\times$ 氫原子質量 $1.7\times10^{-27} \text{ kg} = 4.93\times10^{-26} \text{ kg}$），可得到：

$$M/m = 6.64\times10^{18}/\,(4.93\times10^{-26}) = 1.35\times10^{44}\text{個}$$

這個數量比想像中的還要多。

●光子的總數

我們也能夠估算身邊周遭的光子數量。

令地面、空氣的溫度 T 為 300 K（27℃），則紅外線的光子遠多於肉眼可見的太陽光（人類在熱顯像儀下也會發光）。下面試著從光的能量來討論。

已知平均單位體積的輻射能為 aT^4（$a = 7.56\times10^{-16} \text{ J m}^{-3}\text{ K}^{-4}$），而 1 個光子的平均能量為 k_BT（$k_B = 1.38\times10^{-23} \text{ J K}^{-1}$）。因此，平均單位體積的紅外線光子數量 n 如下：

$$n = \frac{aT^4}{k_BT} = \frac{aT^3}{k_B} = \frac{7.56\times10^{-16}\text{ J m}^{-3}\text{ K}^{-4}\times(300\text{ K})^3}{1.38\times10^{-23}\text{ J K}^{-1}} = 1.48\times10^{15}\text{ m}^{-3}$$

這個數量沒有想像中的多。

老師
啊！沒有位置討論最小時間和最小尺寸的估算了。

星斗
那麼，就留到後面的專欄吧。

明里
希望我們之後還有機會相見（笑）。

時空的普朗克尺度

這邊嘗試僅使用基本常數，推導有關時空結構的物理量。與時間、空間結構相關的基本常數，包括光速c、萬有引力常數G以及普朗克常數h。這些常數的組合可用來描述時空的物理量。

首先，試著組合成一個具有長度單位的物理量，結果發現僅有以下式子滿足條件：

$$l_p = \sqrt{\frac{Gh}{c^3}}$$

代入具體的數值得到：

$$l_p = \sqrt{\frac{Gh}{c^3}} = \sqrt{\frac{6.67 \times 10^{-11} \times 6.63 \times 10^{-34}}{(3 \times 10^8)^3}} \cong 4.0 \times 10^{-34}\,\text{m}$$

這個長度稱為普朗克長度（Plank length）。

同樣地，試著組合成一個具有時間單位的物理量，結果發現僅有以下式子滿足條件：

$$t_p = \sqrt{\frac{Gh}{c^5}}$$

代入具體的數值得到：

$$t_p = \sqrt{\frac{6.67 \times 10^{-11} \times 6.63 \times 10^{-34}}{(3 \times 10^8)^5}} = 1.3 \times 10^{-43}\,\text{s}$$

這個時間稱為普朗克時間（Plank time）。

普朗克時間、普朗克長度分別是時間和空間的最小單位，而時空是由兩者編織而成，宛若不確定且搖擺不定的織布。

順便一提，以1個普朗克時間前進1個普朗克長度的速度，正好會等於光速，，亦即 $l_p/t_p = c$。這意味著光子是在時空織布中，以斜向的方式逐一傳遞的最小波動。

附　錄

附錄 1 統整了本書中出現的 SI 基本單位和 SI 導出單位。附錄 2 準
備了本書未詳盡解說的 cgs 單位的換算表。附錄 3 會介紹 SI 前置
詞的位數符號、讀音與意義，同時也會介紹一般表示位數的數量級
（字詞）。附錄 4 羅列了希臘字母的清單。附錄 5 彙整了本書用到的
基本物理常數、天文常數等，供讀者隨時翻閱參考。

國際單位制 **SI** 的基本單位與導出單位

▼ SI 基本單位

基本量	名稱	符號
長度	公尺	m
質量	公斤	kg
時間	秒	s
電流	安培	A
溫度	克耳文	K
物質數量	莫耳	mol
光度	燭光	cd（本書未提及）

▼ 常見的 SI 導出單位

基本量	名稱	符號
作用力	牛頓	$N = kg\,m\,s^{-2}$
壓力	帕斯卡	$Pa = N\,m^{-2}$
能量	焦耳	$J = kg\,m^2 s^{-2}$（功、熱量也是相同單位）
功率	瓦特	$W = J/s = kg\,m^2 s^{-3}$（光度也是相同單位）
頻率	赫茲	$H_z = s^{-1}$
電荷	庫侖	$C = A\,s$
電壓、電位差	伏特	$V = W\,A^{-1}$
電阻	歐姆	$\Omega = V\,A^{-1}$
磁通量	韋伯	$Wb = V\,s$
磁通量密度	特斯拉	$T = Wb\,m^{-2}$

附錄 2　單位換算

	SI 單位		cgs 單位
時間	1s	=	1s
長度	1m	=	10^2cm
質量	1kg	=	10^3g
作用力	1N	=	10^5dyn
壓力	1Pa	=	$1N\ m^{-2} = 10dyn\ cm^{-2}$
能量	1J	=	$1N\ m = 10^7erg$
功率	1W	=	$1J\ s^{-1} = 10^7erg\ s^{-1}$
磁通量密度	1T	=	10^4gauss

附錄 3　SI前置詞

　　在被廣泛使用的「國際單位制 SI（Système International d'Unités）」中，如下表所示，有一套表示數量級的前置詞（SI prefix）。通常每增加三個位數會換一個前置詞，且為了防止混淆，大數、小數的讀音會與語源相差一到兩個字母。

　　日文（梵文）的數量級相當便利，每增加四個位數更換 1 個位數字符。根據德川時代吉田光由（1598 ～ 1672）撰寫的《塵劫記》，「一」到「萬」是每個位數換數量級字詞；「萬」到「極」是每四個位數換數量級字詞；「極」以後是每八個位數更換數量級字詞。

　　奈米（nm）又稱納米；太陽質量約為 200 穰公斤。與身邊的例子進行聯想，會因比較熟悉而感到莫名興奮。

字詞	數量級	SI 前置詞的符號、讀音、語源		
一	10^0			
十	10^1	D/da	deca	deka（希臘文的「10」）
百	10^2	H	hecto	hekaton（希臘文的「100」）
千	10^3	k	kilo	Khilioi（希臘文的「1000」）
萬	10^4			
	10^5			
	10^6	M	mega	megas（希臘文的「巨大」）
	10^7			
億	10^8			
	10^9	G	giga	gigas（希臘文的「巨人」）
	10^{10}			
	10^{11}			
兆	10^{12}	T	tera	teras（希臘文的「怪物」）
	10^{13}			
	10^{14}			
	10^{15}	P	peta	pente（希臘文的「5」去掉 n）
京	10^{16}			
	10^{17}			
	10^{18}	E	exa	hexa（希臘文的「6」去掉 h）
	10^{19}			
垓	10^{20}			
	10^{21}	Z	zetta	setta（義大利文的「7」將 s 換成 z）
	10^{22}			
	10^{23}			
秭	10^{24}	Y	yotta	otto（義大利文的「8」加上 y）
穰	10^{28}			
溝	10^{32}			
澗	10^{36}			
正	10^{40}			
載	10^{44}			數龐大到大地無法承載的意思
極	10^{48}			數達到極限的意思
恆河沙	10^{56}			多如恆河之沙的意思
阿僧祇	10^{64}			無數的意思。梵文 asankhya 的音譯
那由他	10^{72}			極為龐大的數的意思。源自梵文的 nayuta
不可思議	10^{80}			
無量大數	10^{88}			

字詞	數量級	SI 前置詞的符號、讀音、語源		
一	10^0			
分	10^{-1}	d	deci	decimus（拉丁文的「10」）
釐	10^{-2}	c	centi	centum（拉丁文的「100」）
毫	10^{-3}	m	milli	mile（拉丁文的 1000）
系	10^{-4}			
忽	10^{-5}			
微	10^{-6}	μ	micro	mikros（希臘文的「渺小」）
纖	10^{-7}			
沙	10^{-8}			
塵	10^{-9}	n	nano	nanos（希臘文的「小人」）
埃	10^{-10}			
渺	10^{-11}			
漠	10^{-12}	p	pico	pico（西班牙文的「稀少」）
模糊	10^{-13}			
逡巡	10^{-14}			
須臾	10^{-15}	f	femto	femten（丹麥文、挪威文的「15」）
瞬息	10^{-16}			
彈指	10^{-17}			
剎那	10^{-18}	a	atto	atten（丹麥文、挪威文的「18」）
六德	10^{-19}			
虛空	10^{-20}			
清淨	10^{-21}	z	zepto	sept（希臘文的「7」將 s 換成 z）
阿賴耶	10^{-22}			
阿摩羅	10^{-23}			
涅槃寂靜	10^{-24}	y	yocto	okto（希臘文的「8」加上 y）

除此之外，也有將虛、空、清、淨拆成不同數量級字詞的說法。

希臘字母的讀音與範例

大寫	小寫	讀音	範例
A	α	Alpha	α 射線、赤經 α
B	β	Beta	β 射線、除以光速轉為無因次的速度 β（$= v/c$）
Γ	γ	Gamma	γ 射線、比熱比 γ
Δ	δ	Delta	微小量 Δ、赤緯 δ
E	ε	Epsilon	扁率 ε
Z	ζ	Zeta	Z 函數、Z 鋼彈
H	η	Eta	效率 η
Θ	θ	Theta	極角 θ
I	ι	Iota	
K	κ	Kappa	吸收係數 κ
Λ	λ	Lambda	波長 λ、宇宙常數項 Λ
M	μ	Mu	μ m、μ 介子
N	ν	Nu	頻率 ν、ν 鋼彈
Ξ	ξ	Xi	無因次化變數 ξ
O	o	Omicron	鯨魚座 o 星
Π	π	Pi	圓周率 π
P	ρ	Rho	密度 ρ
Σ	σ	Sigma	斯特凡－波耳茲曼常數 σ
T	τ	Tau	原時 τ
Υ	υ	Upsilon	
Φ	ϕ	Phi	方位角 ϕ、重力位勢 Φ
X	χ	Chi	英仙座 h-χ 星團
Ψ	ψ	Psi	位勢 ψ
Ω	ω	Omega	歐姆 Ω、角頻率 ω

本書提及的基本物理常數與天文常數

▼基本物理常數

真空中的光速　$c = 2.99792458 \times 10^8 \text{m s}^{-1}$　（定義值）

普朗克常數　$h = 6.62607015 \times 10^{-34} \text{J s}$　（定義值）

基本電荷　$e = 1.602176634 \times 10^{-19} \text{C}$　（定義值）

亞佛加厥常數　$N_\text{A} = 6.02214076 \times 10^{23} \text{mol}^{-1}$　（定義值）

波茲曼常數　$k_\text{B} = 1.380649 \times 10^{-23} \text{J K}^{-1}$　（定義值）

萬有引力常數　$G = 6.67 \times 10^{-11} \text{N m}^2 \text{kg}^{-2}$

電子質量　$m_\text{e} = 9.11 \times 10^{-31} \text{kg}$

真空電容率　$\varepsilon_0 = 8.85 \times 10^{-12} \text{C}^2 \text{N}^{-1} \text{m}^{-2}$

真空磁導率　$\mu_0 = 1.26 \times 10^{-6} \text{N A}^{-2}$

輻射常數　$a = 7.56 \times 10^{-16} \text{J m}^{-3} \text{K}^{-4}$

氣體常數　$R_\text{g} = 8.31 \text{J mol}^{-1} \text{K}^{-1}$

▼天文常數

天文單位　$\text{au} = 1.50 \times 10^{11} \text{m}$

光年　$\text{ly} = 9.46 \times 10^{15} \text{m}$

秒差距　$\text{pc} = 3.26$ 光年 $= 3.09 \times 10^{16} \text{m}$

太陽半徑　$R_\odot = 6.96 \times 10^8 \text{m}$（約 70 萬公里）

太陽質量　$M_\odot = 2.00 \times 10^{30} \text{kg}$

地球半徑　$R_\oplus = 6.38 \times 10^6 \text{m}$（約 6400 公里）

地球質量　$M_\oplus = 5.98 \times 10^{24} \text{kg}$

哈伯常數　$H = $ 約 $70 \text{km s}^{-1} \text{Mpc}^{-1}$

國家圖書館出版品預行編目(CIP)資料

建構世界的單位與公式：澈底了解國.高中必學的
單位、公式知識/福江純作；衛宮紘譯. -- 初版.
-- 新北市：世茂出版有限公司, 2024.02
面；　公分. -- (科學視界；275)
ISBN 978-626-7172-84-1(平裝)

1.CST: 物理學 2.CST: 數學 3.CST: 中等教育

524.36　　　　　　　　112019813

科學視界 275

建構世界的單位與公式：
澈底了解國・高中必學的單位、公式知識

作　　者／福江純
譯　　者／衛宮紘
主　　編／楊鈺儀
封面設計／林芷伊
出 版 者／世茂出版有限公司
地　　址／(231)新北市新店區民生路19號5樓
電　　話／(02)2218-3277
傳　　真／(02)2218-3239（訂書專線）
劃撥帳號／19911841
戶　　名／世茂出版有限公司　單次郵購總金額未滿500元（含），請加80元掛號費
世茂官網／www.coolbooks.com.tw
排版製版／辰皓國際出版製作有限公司
印　　刷／傳興彩色印刷有限公司
初版一刷／2024年2月

I S B N／978-626-7172-84-1
E I S B N／9786267172834（EPUB）/ 9786267172889（PDF）
定　　價／360元